KB241869

타노시이 STEP **2** 일본어

타노시이 일본어 STEP 2

지은이 넥서스콘텐츠개발팀
펴낸이 안용백
펴낸곳 (주)도서출판 넥서스

초판 1쇄 발행 2010년 5월 20일
초판 2쇄 발행 2010년 5월 25일

출판신고 1992년 4월 3일 제311-2002-2호
121-840 서울시 마포구 서교동 394-2
Tel (02)330-5500 Fax (02)330-5555

ISBN 978-89-6000-802-1 18730
      978-89-6000-805-2 18730(세트)

저자와 출판사의 허락없이 내용의 일부를 인용하거나
발췌하는 것을 금합니다.

가격은 뒤표지에 있습니다.
잘못 만들어진 책은 구입처에서 바꾸어 드립니다.

www.nexusbook.com
넥서스Japanese는 (주)도서출판 넥서스의 일본어 전문 브랜드입니다.

즐거운
일본어 수업을
위한

타노시이
たのしい 일본어

STEP
2

넥서스콘텐츠개발팀 지음
문광자 감수

넥서스 JAPANESE

여러분이 일본어 공부를 시작하게 된 계기는 무엇입니까?

요새는 학업이나 일과 관계없이 일본 애니메이션, 드라마, 음악 등 자신의 관심 분야 때문에 일본어를 공부하는 사람이 많은 것 같습니다. 일본 만화나 소설 등의 한국어 번역본으로는 뭔가 부족한 느낌이 들어 일본어로 된 원서를 읽고 싶어한다거나, 일본 드라마를 좋아해서 자막 없이 드라마를 보고 싶어 하는 사람도 있습니다. 이렇게 자신이 좋아하는 것으로 공부를 하면, 처음에는 조금 어려울지라도 공부하면 할수록 점점 재미를 느끼게 될 것입니다.

예를 들어, 일본 드라마로 일본어를 공부할 경우 처음에는 말이 귀에 잘 안 들어오더라도 그냥 포기하지 말고 한번 들어 보십시오. 듣다 보면 아는 단어가 한두 개씩 들리기 시작할 것이고 그러다 귀가 열리고 말문이 트이게 되는 것입니다. 일본어 자막으로 보는 경우에도, 히라가나뿐만 아니라 가타카나나 한자를 모르면 내용을 파악하기가 어려울지도 모릅니다. 하지만 이것은 자연스러운 일본어를 익히기 위해 매우 중요한 과정입니다.

『타노시이 일본어』에서는 이런 점들을 고려하여, 학습자 여러분이 흥미를 가지고 공부할 수 있도록 하고 자연스러운 일본어를 구사할 수 있도록 하는 데 초점을 두었습니다. Dialogue를 통해 자연스러운 회화를 익힐 수 있으며, Listening Training을 통해 초급 단계에서 간과하기 쉬운 듣기 연습도 같이 할 수 있습니다. 또한 Pattern Practice의 연습 문제들을 통해 Dialogue에서 배운 문법을 확실하게 익힐 수 있으며, Reading Quiz에서는 앞에서 배운 내용을 다시 한번 확인, 정리해 볼 수 있을 것입니다. Reading Quiz의 일기를 참고로 하여 여러분도 일기를 써 보면 어떨까요? 매일 한 줄, 두 줄이라도 괜찮습니다. 외국어를 공부할 때 가장 중요한 것은 꾸준히 하는 것이니까요.

매일 조금씩이라도 일본어를 공부하십시오. 실력이 늘지 않는 것 같아 보여도 하루하루 조금씩 내공이 쌓이고 있을 것입니다. 도중에 힘들어서 포기하고 싶은 유혹에 빠지더라도 초심으로 돌아가 열심히 합시다. 일본어는 공부하면 할수록 어렵다고들 하지만, 공부하면 할수록 그만큼 재미도 커질 것입니다.

감수자 문광자

일본어, 좀 쉽고 편하게 배울 수 없을까요?

이는 모든 외국어 학습자들이 공통적으로 갖고 있는 생각일 것입니다. 하지만 세상에 쉬운 것은 없습니다. 쉽고 편하게 배운 것은 쉽게 잊어버리기도 합니다. 특히 외국어 학습은 꾸준히 해야 합니다.

그럼, 일본어를 어떻게 공부해야 잘할 수 있을까요?

정답은 동기 부여와 흥미 유발에 있습니다. 먼저 자신이 왜 일본어를 공부하는지, 일본어를 잘하게 되면 무엇을 하고 싶은지 스스로에게 물어보십시오. 그리고 목표를 세웠으면 그 속에서 자신만의 재미를 찾아야 합니다. 일본어를 공부해서 일본 드라마를 자막 없이 보고 싶다, 일본 여행을 가고 싶다, 일본어능력시험에 도전해 보고 싶다 등 일본어를 공부하는 목적은 각각 다를 것입니다. 하지만 어떤 목적으로 일본어를 공부하든지 자신의 목표를 가슴에 새기면서 공부한다면 일본어 공부가 점점 재미있어질 것입니다.

일본어는 우리말과 어순이 같아 다른 외국어보다 쉽게 배울 수 있습니다. 하지만, 다음 세 단계에서 일본어 공부를 포기하는 학습자들을 많이 볼 수 있습니다.

1. 도무지 외워지지 않는 히라가나와 가타카나
2. 읽는 법과 뜻이 여러 가지인 일본어 한자
3. 그룹별로 형태가 다른 일본어 동사 활용

이러한 벽에 부딪혔을 때, 다시 한번 자신의 목표를 떠올리며 마음을 굳게 다잡읍시다. 이 고비만 넘긴다면 나머지 기본 문법 과정은 무난하게 마스터할 수 있습니다.

매일 단 10분이라도 꾸준하게 공부해 보세요. 진정한 노력은 절대 여러분을 배신하지 않을 것입니다. 이 책이 일본어 공부를 시작하는 여러분의 열정을 더욱 세차게 타오르게 하는 촉매제가 되기를 바랍니다.

Dialogue

한 Unit에 두 개의 짧은 Dialogue가 들어 있습니다.
일본 드라마나 애니메이션에서 본 것 같은 캐릭터들
이 등장하여 코믹한 대화를 이어갑니다.

Grammar in Dialogue

각 Dialogue에 쓰인 문법을 바로 옆 페이지에서 확
인할 수 있도록 정리하였습니다. 한 Unit에서 배우는
문법량을 최소화하여 부담없이 학습할 수 있도록 하
였습니다.

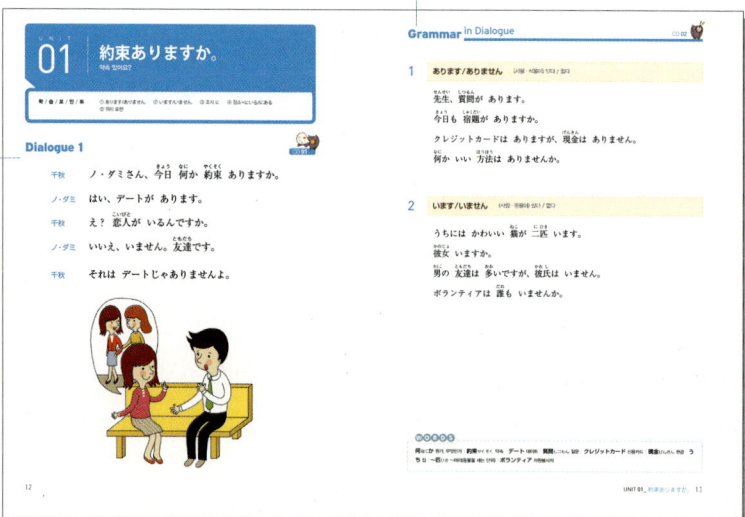

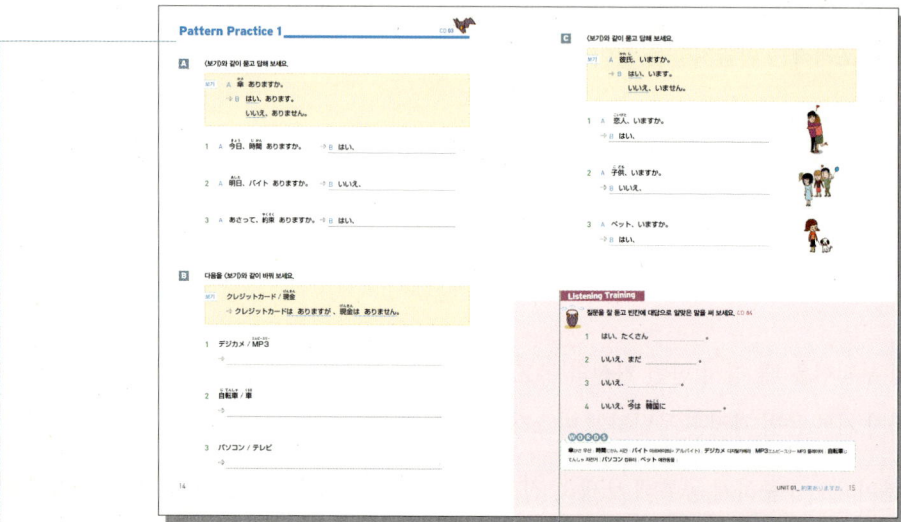

Pattern Practice

각 Dialogue에 나온 핵심 패턴을 활용하여 연습해 보는 코너
입니다. 일상생활에서 자주 접할 수 있는 실용적인 회화체 예
문으로 되어 있어, 자연스럽게 회화 실력을 키울 수 있습니다.

Listening Training

Dialogue와 Grammar in Dialogue, Pattern Practice에
서 배운 내용을 듣기 문제를 통해 다시 한번 확인해 봅시다.

Writing Note

일본어 학습자들이 가장 어려워하는 것 중에 하나가
바로 한자입니다. 앞에서 배운 한자 중에서도 가장 중
요한 한자만을 골랐습니다. 음독과 훈독에 따른 한자
의 읽는 법을 살펴보고 빈칸에 쓰면서 외워 봅시다.

Speaking Tool Box

회화에 필요한 보충 어휘를 익히거나 롤플레잉 할 수 있는
코너입니다. 회화 실력을 키우고 앞에서 배운 내용을 확실하
게 내 것으로 만들 수 있습니다.

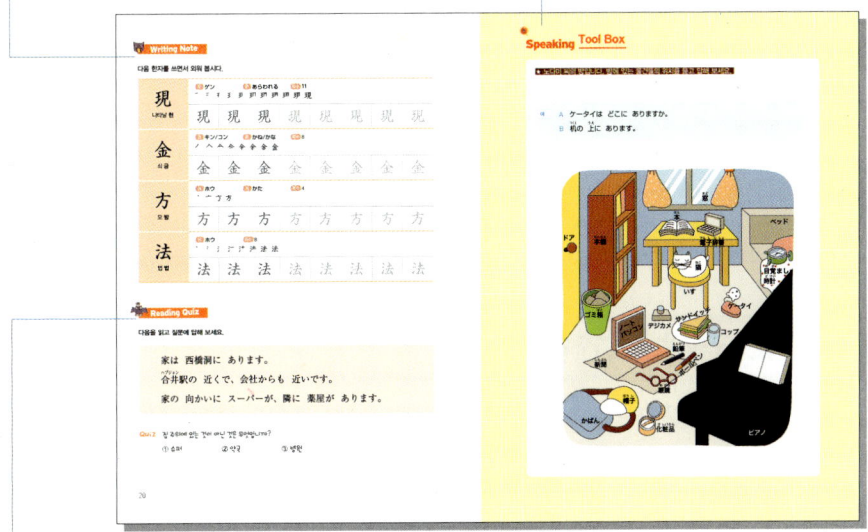

Reading Quiz

앞의 Dialogue와 관련된 내용의 일기입니다. 누구의 일기인지 생각하면서 읽어
보세요. Dialogue를 확실하게 익혔다면 이 부분은 어렵지 않을 것입니다. 그리
고 내용을 제대로 이해하였는지 간단한 퀴즈를 통해 확인해 보세요.

타노시이일본어 Step2 WORKBOOK

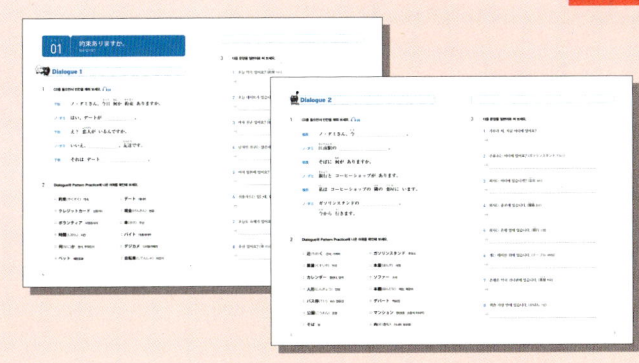

이 워크북은 본책에서 배운 내용을 복습
하는 데 활용할 수 있습니다. 각 과의 주요
어휘가 정리되어 있어 듣고 다니면서 외울
수 있습니다. Dialogue를 듣고 써 보는
딕테이션 훈련을 할 수 있으며, 본책에 나
온 문장들을 작문해 볼 수도 있습니다.

목차

ノ・ダミ 노다미

생년월일 : 1985년 4월 20일
별자리 : 황소자리

어릴 적 꿈은 피아니스트였지만, 대학을 갓 졸업하고 일본 계 기업인 다나카상사의 한국 법인에 취직한다. 출근 첫 날, 같은 사무실 선배인 치아키를 보고 한눈에 반해 버린 다. 사무실에는 본인 빼고는 모두 일본인이어서 요즘 일본 어 공부에 열을 올리고 있다. 명랑하고 쾌활한 성격으로 회사에 잘 적응하지만, 지각이 잦아 다누마 부장님에게 자 주 꾸중을 듣는다. 먹는 것을 밝혀서 하루 24시간 배가 고 프다고 말하는 그녀이지만, 요리는 굶는 것보다 싫어하는 귀차니스트.

千秋 치아키

생년월일 : 1979년 12월 24일
별자리 : 사수자리

노다미의 회사 선배. 4년 전에 다나카상사의 한국 법인으 로 파견되면서 한국에 왔다. 비행기 공포증이 있어 한국에 올 때도 배를 타고 건너왔다고 전해진다. 샤프한 외모의 소유자로, 사내 여직원들에게 인기 넘버원이다. 반면에 남 직원들에게는 질투의 대상으로, 그의 업무 능력을 인정하 는 다누마 부장과 같은 부서 후배인 다카하시를 제외하고 는 특별히 친한 남자 동료가 없다. 그의 까칠한 성격은 노 다미를 만나면서 조금씩 부드러워지고 있어 그나마 다행! 이상형은 예쁘고 상냥한 여성이다.

高橋 다카하시

생년월일 : 1981년 6월 26일
별자리 : 게자리

노다미의 회사 선배. 1년 전에 다나카상사의 한국 법인으 로 발령이 나서 한국에 왔는데, 아직은 한국 생활이 낯설 고 외롭다. 그 빈자리를 채우기 위해 먹는 것에 집착하다 보니 한국 생활 1년 만에 체중이 10킬로그램이나 늘었다. 선배인 치아키보다 어린 나이임에도 불구하고 외모가 중 년으로 보인다. 게임을 좋아하며 오타쿠 기질이 있다.

田沼部長 다누마 부장님

생년월일 : ?
별자리 : ?

노다미의 직장 상사. 별명은 タヌキ(너구리)이다. 다나카 상사 한국 법인에서 꽤 오랫동안 근무한 것으로 알려져 있 으나, 얼마나 한국에 있었고 나이가 어떻게 되는지 아무도 모른다. 개인적인 생활도 철저하게 비밀에 부치고 있다. 나 름 신비주의 콘셉트라나? 대머리를 가발로 가리고 있다는 소문이 있으나, 소문만 무성할 뿐 확인된 바는 없다.

타노시이일본어 STEP 2

Dialogue 1

CD 01

千秋	ノ・ダミさん、今日 何か 約束 ありますか。
ノ・ダミ	はい、デートが あります。
千秋	え？ 恋人が いるんですか。
ノ・ダミ	いいえ、いません。友達です。
千秋	それは デートじゃありませんよ。

1 **あります/ありません**　(사물·식물이) 있다 / 없다

せんせい しつもん
先生、質問が あります。

きょう しゅくだい
今日も 宿題が ありますか。

げんきん
クレジットカードは ありますが、現金は ありません。

なに ほうほう
何か いい 方法は ありませんか。

2 **います/いません**　(사람·동물이) 있다 / 없다

ねこ に ひき
うちには かわいい 猫が 二匹 います。

かのじょ
彼女 いますか。

おとこ ともだち おお かれ し
男の 友達は 多いですが、彼氏は いません。

だれ
ボランティアは 誰も いませんか。

WORDS

何なにか 뭔가, 무엇인가 | **約束**やくそく 약속 | **デート** 데이트 | **質問**しつもん 질문 | **クレジットカード** 신용카드 | **現金**げんきん 현금 | **うち** 집 | **〜匹**ひき 〜마리(동물을 세는 단위) | **ボランティア** 자원봉사자

A 〈보기〉와 같이 묻고 답해 보세요.

> 보기　A　傘 ありますか。
>
> ⇒ B　はい、あります。
>
> 　　　いいえ、ありません。

1　A　今日、時間 ありますか。　⇒ B　はい、＿＿＿＿＿＿＿＿＿＿＿

2　A　明日、バイト ありますか。　⇒ B　いいえ、＿＿＿＿＿＿＿＿＿

3　A　あさって、約束 ありますか。⇒ B　はい、＿＿＿＿＿＿＿＿＿＿

B 다음을 〈보기〉와 같이 바꿔 보세요.

> 보기　クレジットカード / 現金
>
> ⇒ クレジットカードは ありますが 、現金は ありません。

1　デジカメ / MP3

　⇒ ＿＿＿＿＿＿＿＿＿＿＿＿＿＿＿＿＿＿＿＿＿＿＿＿＿＿＿

2　自転車 / 車

　⇒ ＿＿＿＿＿＿＿＿＿＿＿＿＿＿＿＿＿＿＿＿＿＿＿＿＿＿＿

3　パソコン / テレビ

　⇒ ＿＿＿＿＿＿＿＿＿＿＿＿＿＿＿＿＿＿＿＿＿＿＿＿＿＿＿

C 〈보기〉와 같이 묻고 답해 보세요.

> 보기　A　彼氏、いますか。
> ⇒ B　はい、います。
> 　　　いいえ、いません。

1　A　恋人、いますか。

⇒ B　はい、＿＿＿＿＿＿＿＿＿＿＿

2　A　子供、いますか。

⇒ B　いいえ、＿＿＿＿＿＿＿＿＿＿＿

3　A　ペット、いますか。

⇒ B　はい、＿＿＿＿＿＿＿＿＿＿＿

Listening Training

 질문을 잘 듣고 빈칸에 대답으로 알맞은 말을 써 보세요. CD 04

1　はい、たくさん ＿＿＿＿＿＿＿＿＿。

2　いいえ、まだ ＿＿＿＿＿＿＿＿＿。

3　いいえ、＿＿＿＿＿＿＿＿＿。

4　いいえ、今は 韓国に ＿＿＿＿＿＿＿＿＿。

WORDS

傘 かさ 우산 ｜ 時間 じかん 시간 ｜ バイト 아르바이트(= アルバイト) ｜ デジカメ 디지털카메라 ｜ MP3 エムピースリー MP3 플레이어 ｜ 自転車 じてんしゃ 자전거 ｜ パソコン 컴퓨터 ｜ ペット 애완동물

部長　　　ノ・ダミさん、今 どこに いますか。

ノ・ダミ　江南駅の 近くに います。

部長　　　そばに 何が ありますか。

ノ・ダミ　銀行と コーヒーショップが あります。

部長　　　私は コーヒーショップの 隣の 薬屋に います。

ノ・ダミ　ガソリンスタンドの 向かいですね。

　　　　　今から 行きます。

---

1 (장소)＋**にいる**　～에 있다(사람·동물)
　　　にある　～에 있다(사물·식물)

せんせい、今 どこに いますか。

… 今、鐘路の 本屋に います。

会社は どこに ありますか。

… 西橋洞に あります。

2 위치 말하기

上 위　　下 아래　　右 오른쪽

左 왼쪽　　前 앞　　後ろ 뒤

中 속, 안　　外 밖　　そば 옆

WORDS

～に ～에(조사) | 近ちかく 근처, 가까이 | コーヒーショップ 커피숍 | 薬屋くすりや 약국 | ガソリンスタンド 주유소 | 向むかい 건너편,
맞은편 | 行いきます 갈게요, 갑니다 | 本屋ほんや 서점

A 그림을 보고 빈칸에 알맞은 위치 표현을 둘 중에서 골라 보세요.

1 男の子は テーブルの ___前 / 後ろ___ に います。

2 電話は テーブルの ___上 / 下___ に あります。

3 牛乳は 電話の ___右 / 左___ に あります。

4 女の子は 本棚の ___前 / 後ろ___ に います。

5 カレンダーは ドアの ___右 / 左___ に あります。

6 人形は ソファーの ___上 / 下___ に あります。

7 お母さんは テーブルの ___隣 / 後ろ___ に います。

8 ソファーは 本棚の ___右 / 左___ に あります。

그림을 보고 빈칸에 알맞은 위치 표현을 넣어 보세요.

1 銀行の ＿＿＿ 前 / 後ろ ＿＿＿ に バス停が あります。

2 デパートの ＿＿＿ 隣 / 向かい ＿＿＿ に ホテルが あります。

3 ホテルの ＿＿＿ 隣 / 中 ＿＿＿ に 公園が あります。

4 公園の ＿＿＿ 後ろ / 向かい ＿＿＿ に マンションが あります。

Listening Training

 잘 듣고 다음 설명이 맞으면 ○, 틀리면 × 표시를 하세요. CD 08

1 ＿＿＿ 레스토랑 앞에 아무도 없습니다.

2 ＿＿＿ 소파 위에 강아지가 있습니다.

3 ＿＿＿ 학교 맞은편에 공원이 있습니다.

4 ＿＿＿ 은행 옆에 라면 가게가 있습니다.

WORDS

テーブル 테이블 | **牛乳**ぎゅうにゅう 우유 | **本棚**ほんだな 책장 | **カレンダー** 캘린더, 달력 | **ドア** 문 | **人形**にんぎょう 인형 | **ソファー** 소파 |
バス停てい 버스 정류장 | **ホテル** 호텔 | **公園**こうえん 공원 | **マンション** 맨션(중·고층의 아파트)

다음 한자를 쓰면서 외워 봅시다.

現 나타날 현	음 ゲン　　훈 あらわれる　　획수 11 一 ニ チ 王 玑 玑 珇 珇 珇 現 現 現　現　現　現　現　現　現　現
金 쇠 금	음 キン/コン　　훈 かね/かな　　획수 8 ノ 入 ム 今 今 全 余 金 金　金　金　金　金　金　金　金
方 모 방	음 ホウ　　훈 かた　　획수 4 ヽ ー 方 方 方　方　方　方　方　方　方　方
法 법 법	음 ホウ　　획수 8 ヽ ニ ミ 汁 汁 法 法 法 法　法　法　法　法　法　法　法

Reading Quiz

다음을 읽고 질문에 답해 보세요.

> 家は 西橋洞に あります。
> ハプジョン
> 合井駅の 近くで、会社からも 近いです。
> 家の 向かいに スーパーが、隣に 薬屋が あります。

Quiz 집 주위에 있는 것이 아닌 것은 무엇입니까?

① 슈퍼　　　　② 약국　　　　③ 병원

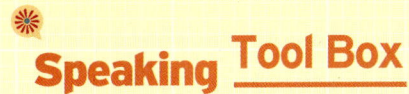

Speaking Tool Box

예　A　ケータイは　どこに　ありますか。
　　B　机の　上に　あります。

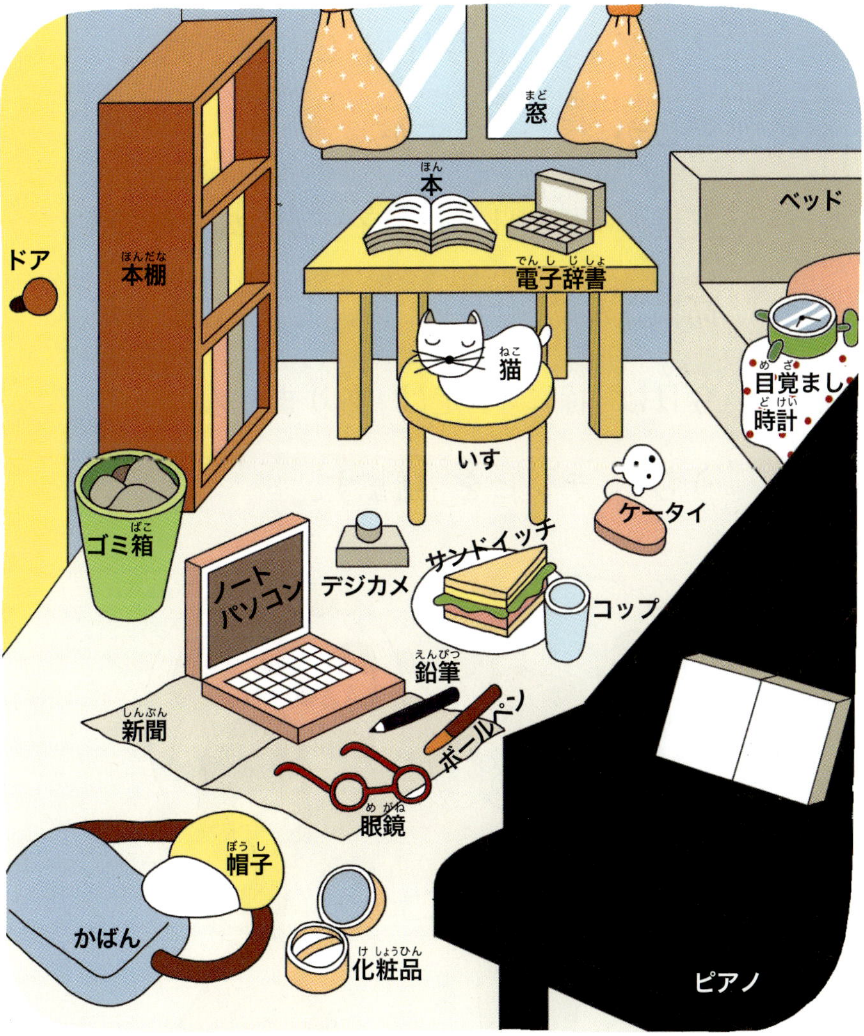

UNIT
02 | 仕事の後、どうしますか。
퇴근 후에 어떻게 하세요?

학 / 습 / 포 / 인 / 트   ① 동사의 종류   ② 동사의 ます형   ③ ～ます/～ません/～ました/～ませんでした   ④ 조사 も

Dialogue 1

CD 09

高橋   ノ・ダミさん、今日 おしゃれですね。

どこか 行くんですか。

ノ・ダミ   友達の 誕生日パーティーが あるんです。

高橋さんは 仕事の 後、どう しますか。

高橋   今日は 特に 予定は ありません。

うちで テレビを 見ます。

1 **동사의 종류와 ます형**

종류	구분 방법	기본형	ます형
1그룹 동사 (5단 동사)	① る로 끝나면서 앞 글자가 ア단·ウ단·オ단인 동사	わかる (分かる) 이해하다 つくる (作る) 만들다 のる (乗る) 타다	わかります 이해합니다 つくります 만듭니다 のります 탑니다
	② る로 끝나지 않는 모든 동사 (-う, -く, -ぐ, -す, -つ, -ぬ, ぶ, -む)	あう (会う) 만나다 いく (行く) 가다 ぬぐ (脱ぐ) 벗다 はなす (話す) 이야기하다 まつ (待つ) 기다리다 しぬ (死ぬ) 죽다 よぶ (呼ぶ) 부르다 のむ (飲む) 마시다	あいます 만납니다 いきます 갑니다 ぬぎます 벗습니다 はなします 이야기합니다 まちます 기다립니다 しにます 죽습니다 よびます 부릅니다 のみます 마십니다
	③ る로 끝나면서 앞 글자가 イ단·エ단인 예외 동사	きる (切る) 자르다 かえる (帰る) 돌아가다	きります 자릅니다 かえります 돌아갑니다
2그룹 동사 (1단 동사)	る로 끝나면서 앞 글자가 イ단·エ단인 동사	みる (見る) 보다 たべる (食べる) 먹다	みます 봅니다 たべます 먹습니다
3그룹 동사 (불규칙 동사)	来る와 する 두 개뿐이며, 불규칙 활용을 한다.	くる (来る) 오다 する 하다	きます 옵니다 します 합니다

WORDS

おしゃれだ 멋부리다, 치장하다 | どこか 어딘가 | 特とくに 특별히, 특히 | 予定よてい 예정

A 다음 동사를 ます형으로 바꿔 보세요.

기본형	ます형		기본형	ます형
勉強する	勉強します	공부합니다	食べる	먹습니다
待つ		기다립니다	働く	일합니다
寝る		잡니다	遊ぶ	놉니다
終わる		끝납니다	止める	멈춥니다
起きる		일어납니다	死ぬ	죽습니다
始める		시작합니다	開ける	엽니다
来る		옵니다	話す	이야기합니다
帰る		돌아갑니다	言う	말합니다
見る		봅니다	取る	집습니다
休む		쉽니다	急ぐ	서두릅니다
会う		만납니다	行く	갑니다

B 다음 동사를 ます형으로 바꿔 빈칸에 넣어 보세요.

1 食べる

⇒ 仕事の 後、レストランで ご飯を ＿＿＿＿＿＿。

2 見る

⇒ 一人で テレビを ＿＿＿＿＿＿。

3 する

⇒ 一生懸命 仕事を ＿＿＿＿＿＿。

C 다음 동사를 〈보기〉와 같이 바꿔 보세요.

> 보기　見る
>
> ⇒ テレビを 見<u>ます</u>。

1　読む　　　　　⇒ 毎日 本を _____ 。

2　聴く　　　　　⇒ 音楽を _____ 。

3　する　　　　　⇒ インターネットを _____ 。

4　飲む　　　　　⇒ お茶を _____ 。

Listening Training

 잘 듣고 그림을 보면서 질문에 대한 답을 적어 보세요. CD 12

보기　① ② ③ ④

1　七時に _____

2　パンと 果物を _____

3　テニスを _____

4　コーヒーを _____

WORDS

勉強べんきょう 공부 | 働はたらく 일하다 | 寝ねる 자다 | 遊あそぶ 놀다 | 終おわる 끝나다 | 止とめる 멈추다, 세우다 | 起おきる 일어나다 | 始はじめる 시작하다 | 開あける 열다 | 言いう 말하다 | 取とる 잡다, 찍다 | 休やすむ 쉬다 | 急いそぐ 서두르다 | ご飯はん 밥 | 一生懸命 いっしょうけんめい 열심히 | 読よむ 읽다 | 聴きく 듣다 | 音楽おんがく 음악 | インターネット 인터넷 | お茶ちゃ 차 | テニス 테니스 | 食事 しょくじ 식사

千秋　　　週末は　何を　しましたか。

ノ・ダミ　友達と　有名な　ラーメン屋に　行きました。

　　　　　お客さんが　多くて　1時間も　待ちましたが、

　　　　　食べる　時間は　10分も　かかりませんでした。

　　　　　千秋さんは　何を　しましたか。

千秋　　　僕は　趣味の　ピアノを　弾きました。

1 ます형의 활용

현재·미래	~ます	예 いきます 갑니다, 갈 것입니다
부정	~ません	いきません 가지 않습니다
과거	~ました	いきました 갔습니다
과거 부정	~ませんでした	いきませんでした 가지 않았습니다

今から 本当の ことを 話します。

お酒は 飲みますが、タバコは 吸いません。

恥ずかしくて 誰にも 言いませんでした。

★ 의문문으로 만들 때는 뒤에 か를 붙인다.

みなさん、分かりましたか。

2 ~も ① ~도 ② ~이나

千秋さんも その ドラマを 見ましたか。

昨日の 飲み会で、焼酎を 3本も 飲みました。

この ケータイは 100万ウォンも します。

WORDS

週末しゅうまつ 주말 | **多**おおい 많다 | **かかる** 걸리다 | **ピアノ** 피아노 | **弾**ひく 치다 | **お酒**さけ 술 | **タバコを吸**すう 담배를 피우다 | **恥**は**ずかしい** 부끄럽다 | **焼酎**しょうちゅう 소주

A 다음 동사를 〈보기〉와 같이 바꿔 보세요.

> | 보기 | 飲む |
> |---|---|
> | | ⇒ ビールは 飲みますが、焼酎は 飲みません。 |

1 聴く   ⇒ K-POPは _____ が、クラシック音楽は _____ 。

2 食べる   ⇒ 魚は _____ が、刺身は _____ 。

3 はく   ⇒ ズボンは _____ が、スカートは _____ 。

B 다음을 〈보기〉와 같이 바꿔 보세요.

> | 보기 | 食べる 時間 / 10分 / かかる |
> |---|---|
> | | ⇒ 食べる 時間は 10分も かかりませんでした。 |

1 お酒 / 1本 / 飲む

⇒ _____

2 彼 / 5分 / 待つ

⇒ _____

3 昨日 / 1時間 / 勉強する

⇒ _____

C 괄호 안의 동사를 〈보기〉와 같이 바꿔 말해 보세요.

보기
　A　昨日、何を しましたか。
　B　友達と ラーメン屋に 行きました。(行く)

1　A　昨日、何を しましたか。
　　B　日本の ドラマを ＿＿＿＿＿＿＿＿＿＿。(見る)

2　A　昨日、何を しましたか。
　　B　犬と 散歩を ＿＿＿＿＿＿＿＿＿＿。(する)

3　A　昨日、何を しましたか。
　　B　うちで 小説を ＿＿＿＿＿＿＿＿＿＿。(読む)

Listening Training

잘 듣고 사건의 순서대로 그림의 번호를 적어 보세요. CD 16

보기　①　②　③　④

＿＿＿　⇒　＿＿＿　⇒　＿＿＿　⇒　＿＿＿

WORDS

K-POPケーポップ 한국 대중가요 | **クラシック** 클래식 | **ズボン** 바지 | **スカート** 치마, 스커트 | **はく** (하의를) 입다, (구두 등을) 신다 | **〜本** ほん 〜병(병 등의 길쭉한 것을 세는 단위) | **散歩**さんぽ 산책 | **小説**しょうせつ 소설 | **コンビニ** 편의점 | **アルバイト** 아르바이트

다음 한자를 쓰면서 외워 봅시다.

友 벗 우	음 ユウ　훈 とも　획수 4 一 ナ 方 友
	友　友　友　友　友　友　友　友
達 통할 달	음 タツ　획수 12 一 十 土 龶 圭 去 查 幸 幸 幸 達 達
	達　達　達　達　達　達　達　達
練 익힐 련	음 レン　훈 ねる　획수 14 ㄥ ㄠ ㄠ 幺 幺 糸 糸 約 約 約 紳 紳 練 練
	練　練　練　練　練　練　練　練
習 익힐 습	음 シュウ　훈 ならう　획수 11 ㄱ ㄱ ㄱ 羽 羽 羽 羽 羽 習 習 習
	習　習　習　習　習　習　習　習

다음을 읽고 질문에 답해 보세요.

今日は 友達と 有名な ラーメン屋に 行きました。
人が いっぱいで、私たちは 1時間も 待ちました。
でも、食べる 時間は 10分も かかりませんでした。
おいしかったですが、残念でした。

Quiz　라면 가게에서 얼마나 기다렸습니까?

① 10분　　　② 1시간　　　③ 1시간 10분

＊ 残念ざんねんだ 유감스럽다, 아쉽다

30

Speaking Tool Box

7時に 起きる
7시에 일어나다

顔を 洗う
세수하다

歯を 磨く
이를 닦다

ご飯を 食べる
밥을 먹다

一生懸命 仕事をする
열심히 일하다

日本語を 勉強する
일본어를 공부하다

お風呂に 入る
목욕을 하다

11時に 寝る
11시에 자다

03 | 一緒に歌いませんか。
같이 부르지 않을래요?

학 / 습 / 포 / 인 / 트   ① 권유·제안 표현 : ～ませんか/～ましょうか/～ましょう   ② ～に会う   ③ ～に乗る   ④ ～に行く

Dialogue 1

CD 17

（カラオケで）

ノ・ダミ　次は 私の 番だ！

　　　　千秋さん、「そばにいるね」一緒に 歌いませんか。

千秋　　いや、僕は その 歌、知りませんから。

高橋　　ノ・ダミさん、僕が 一緒に 歌いましょうか。

　　　　実は それ、僕の 18番なんですよ。

32

1 〜ませんか 〜하지 않을래요?(권유·제안)

ちょっと 休みませんか。

明日は 土曜日だから、一杯 飲みませんか。

仕事の 後、一緒に 食事でも しませんか。

★ 〜ませんかは 원래 '〜하지 않습니까?'라는 뜻이다.

彼の 連絡先を 知りませんか。

2 〜ましょうか 〜할까요?(권유·제안)

いつ、どこで 会いましょうか。

もう 10時だから、そろそろ 帰りましょうか。

その かばん 重いでしょう。持ちましょうか。

★ 〜ましょうは '〜합시다'

みんなで いい 会社を 作りましょう。

WORDS

カラオケ 노래방 | **次**つぎ 다음 | **番**ばん 순서, 차례 | **一緒**いっしょに 같이, 함께 | **歌**うたう 노래하다 | **いや** 아니 | **知**しる 알다 | **18番**じゅうはちばん 십팔번, 장기 | **ちょっと** 좀, 조금 | **一杯**いっぱい 한잔, 가득 | **連絡先**れんらくさき 연락처 | **そろそろ** 슬슬 | **重**おもい 무겁다 | **持**もつ 가지다, 들다 | **みんなで** 모두 함께

A 다음 동사를 〈보기〉와 같이 바꿔 보세요.

> 보기 | 歌う
> ⇒ 千秋さん、一緒に　歌いませんか。

1 する
⇒ 一緒に　テニスを　_____。

2 食べる
⇒ おいしい　ケーキが　ありますけど、一緒に　_____。

3 帰る
⇒ 同じ　方向だから、一緒に　_____。

4 行く
⇒ 今週の　土曜日、どこか　_____。

5 始める
⇒ 私と　一緒に　ピアノを　_____。

6 見る
⇒ 週末、映画を　_____。

B 다음을 〈보기〉와 같이 바꿔 보세요.

> 보기
>
> その　かばん / 持つ
>
> ⇒ その　かばん、持ちましょうか。

1　この　仕事 / 私が　する

⇒ _____

2　部屋の　掃除 / 手伝う

⇒ _____

3　窓 / 開ける

⇒ _____

Listening Training

잘 듣고 다음 설명이 맞으면 ○, 틀리면 × 표시를 하세요. CD 20

1　_____　두 사람은 토요일에 강남에 갑니다.

2　_____　마키 씨는 술을 잘 마십니다.

3　_____　두 사람은 식사를 한 뒤 술을 마시러 갑니다.

4　_____　약속 시간은 5시입니다.

WORDS

同 おなじだ 똑같다 | 方向 ほうこう 방향 | 掃除 そうじ 청소 | 手伝う てつだう 돕다 | 窓 まど 창문 | それより 그보다 | 雰囲気 ふんいき 분위기 | カフェ 카페

千秋　　昨日の　合コン、どうでしたか。

高橋　　最高でした。優しくて　かわいくて、

　　　　理想の　女性に　会いました。

千秋　　よかったですね。今日も　彼女に　会いますか。

高橋　　はい、これから　会いに　行きます。

1 ～に会う　　～를 만나다

木村拓哉に　会うのが　夢です。

今日、偶然、高校時代の　友達に　会いました。

★ 동사 乗る(타다)도 앞에 조사 に가 온다.

飛行機に　乗るのが　怖いです。

会社に　行く　時は　いつも　地下鉄に　乗ります。

2 ～に行く　　① ～에 가다　② ～하러 가다

お母さんは　スーパーに　行きました。

今日も　授業の　後、お酒を　飲みに　行きますか。

彼は　友達に　お金を　借りに　行きました。

★ ～に来る는 '～하러 오다'

うちに　遊びに　来ませんか。

インターネットカフェに　ゲームしに　来ました。

WORDS

最高さいこう 최고 ｜ **理想**りそう 이상 ｜ **これから** 이제부터, 앞으로 ｜ **偶然**ぐうぜん 우연히 ｜ **高校時代**こうこうじだい 고등학생 때 ｜ **飛行機**ひこうき 비행기 ｜ **怖**こわい 무섭다 ｜ **いつも** 항상, 언제나 ｜ **地下鉄**ちかてつ 지하철 ｜ **スーパー** 슈퍼 ｜ **借**かりる 빌리다 ｜ **インターネットカフェ** PC방 ｜ **ゲームする** 게임하다

A 다음을 〈보기〉와 같이 바꿔 보세요.

> 보기 コンビニ / お弁当を 買う
>
> ⇒ コンビニへ お弁当を 買いに 行きます。

1 友達の うち / CDを 借りる

⇒ _____

2 郵便局 / 手紙を 出す

⇒ _____

3 図書館 / 本を 返す

⇒ _____

4 公園 / 桜を 見る

⇒ _____

5 ジム / 運動を する

⇒ _____

6 渋谷 / 飲む

⇒ _____

B 다음을 〈보기〉와 같이 바꿔 보세요.

보기　本屋 / 千秋さん

⇒ 本屋で　千秋さんに　会いました。

1　駅 / 友達

⇒ _____

2　レストラン / 先生

⇒ _____

3　道 / 芸能人

⇒ _____

Listening Training

질문을 잘 듣고 빈칸에 대답으로 알맞은 말을 써 보세요. CD 24

1　友達 ___ 会いました。

2　彼女 ___ ドライブ ___ 行きます。

3　ちょっと スーパー ___ 行きます。

4　いいえ、地下鉄 ___ 乗ります。

WORDS

お弁当べんとう 도시락 ｜ **買**かう 사다 ｜ **郵便局**ゆうびんきょく 우체국 ｜ **手紙**てがみ**を出**だす 편지를 부치다 ｜ **返**かえ**す** 되돌려주다, 반납하다 ｜
桜さくら 벚꽃 ｜ **ジム** 체육관, 헬스클럽 ｜ **運動**うんどう 운동 ｜ **道**みち 길

다음 한자를 쓰면서 외워 봅시다.

連 잇다을 련	음 レン　　훈 つらなる/つれる　　획수 10 一 ㄷ 戸 后 后 亘 車 車 連 連 連　連　連　連　連　連　連　連
絡 이을 락	음 ラク　　훈 からむ　　획수 12 ㄴ ㄠ ㅅ ㅆ ㅆ ㅆ 紅 紅 終 終 絡 絡 絡　絡　絡　絡　絡　絡　絡　絡
高 높을 고	음 コウ　　훈 たかい　　획수 10 一 亠 一 古 宫 声 高 高 高 高 高　高　高　高　高　高　高　高
校 학교 교	음 コウ　　획수 10 一 十 才 木 村 杧 栌 栌 校 校 校　校　校　校　校　校　校　校

다음을 읽고 질문에 답해 보세요.

千秋さんと　高橋さんと　一緒に　カラオケに　行きました。
「そばにいるね」を　高橋さんと　一緒に　歌いました。
高橋さんは　「そばにいるね」が　自分の　18番だと　言いました。
高橋さんは　歌が　上手でした。

Quiz　누구와 함께 노래를 불렀습니까?

① 치아키 씨　　② 다카하시 씨　　③ 혼자 불렀다.

＊自分 じぶん 자기, 자신 ｜ ～と言う ～라고 말하다

Speaking Tool Box

표현　～ませんか / ～ましょうか / ～ましょう

コーヒーでも 飲_のむ

カラオケに 行_いく

ショッピングに 行_いく

日本語_{にほんご}で 話_{はな}す

タクシーに 乗_のる

映画_{えいが}を 見_みる

一緒_{いっしょ}に 勉強_{べんきょう}する

どこか 遊_{あそ}びに 行_いく

旅行に行きたいです。

여행 가고 싶어요.

Dialogue 1

CD 25

高橋　今年の　夏休みに　何か　したい　ことは　ありますか。

ノ・ダミ　東京か　大阪に　旅行に　行きたいです。

前から　ずっと　行きたかったんです。

高橋さんは　何が　したいですか。

高橋　そうですね。僕も　どこか　行きたいですが、

日本には　行きたく　ないですね。

1   ~たい   ~하고 싶다(희망)

ちょっと トイレに 行_いきたいんですが、どこですか。

週末_{しゅうまつ}には 思_{おも}いっきり 寝_ねたいです。

話_{はな}したい ことが あるんですが、時間_{じかん} 大丈夫_{だいじょうぶ}でしょうか。

★ '~을 갖고 싶다'라는 뜻의 ~がほしい도 같이 알아 두자.

お誕生日_{たんじょうび}の プレゼント、何_{なに}が ほしいですか。

彼女_{かのじょ}が ほしいです。

2   ~たかった   ~하고 싶었다

これは 前_{まえ}から 見_みたかった 映画_{えいが}です。

セールの ジーパンが 買_かいたかったけど、売り切れだった。

3   ~たくない   ~하고 싶지 않다

もう 話_{はな}したく ないです。

まだ 結婚_{けっこん}したく ありません。

これは 誰_{だれ}にも 見_みせたく なかった 写真_{しゃしん}です。

WORDS

夏休_{なつやす}み 여름 방학 | **~か ~이나** | **前_{まえ}から** 전부터 | **ずっと** 줄곧, 계속 | **トイレ** 화장실 | **思_{おも}いっきり** 마음껏 | **プレゼント** 선물 | **ジーパン** 청바지 | **売_うり切_きれ** 매진 | **結婚_{けっこん}する** 결혼하다 | **見_みせる** 보여주다 | **写真_{しゃしん}** 사진

A 다음 동사를 ～たい, ～たかった, ～たくない로 바꿔 보세요.

기본형	～たい	～たかった	～たくない
寝る	寝たい	寝たかった	寝たくない
行く			
会う			
読む			
食べる			
見る			
帰る			
話す			

B 다음을 〈보기〉와 같이 바꿔 보세요.

> 보기 会う / 千秋さん / 高橋さん
> ⇒ 私が 会いたかったのは 千秋さんです。
>   高橋さんじゃ ありません。

1 作る / いちごケーキ / チーズケーキ

　⇒ _____

2 読む / 面白い 漫画 / 小説

　⇒ _____

3 着る / きれいな ワンピース / Tシャツと ジーパン

　⇒ _____

C 다음 동사를 〈보기〉와 같이 바꿔 보세요.

보기　行く
⇒ どこか 行きたいですが、日本には 行きたく ないです。

1 飲む
⇒ 何か ＿＿＿＿＿＿＿ ですが、バナナジュースは ＿＿＿＿＿＿＿ です。

2 見る
⇒ 映画を ＿＿＿＿＿＿＿ ですが、悲しい 映画は ＿＿＿＿＿＿＿ です。

3 呼ぶ
⇒ 友達を ＿＿＿＿＿＿＿ ですが、先輩は ＿＿＿＿＿＿＿ です。

Listening Training

잘 듣고 내용에 맞는 그림을 고르세요. CD 28

보기　ⓐ　　　　ⓑ　　　　ⓒ　　　　ⓓ

1 ＿＿＿＿　　2 ＿＿＿＿　　3 ＿＿＿＿　　4 ＿＿＿＿

WORDS

漫画 まんが 만화 ｜ 着る 입다 ｜ ワンピース 원피스 ｜ Tティーシャツ 티셔츠 ｜ バナナ 바나나 ｜ ジュース 주스 ｜ 悲かなしい 슬프다 ｜ 先輩 せんぱい 선배

部長　　ノ・ダミさん、最近 日本語が うまく なりましたね。

ノ・ダミ　いえ、まだまだです。

　　　　早く 上手に なりたいですが、

　　　　だんだん 難しく なりますね。

部長　　働きながら 勉強するのは 大変でしょう。

　　　　特に 何が 難しいですか。

ノ・ダミ　漢字と 発音が 難しいです。

1

～くなる ～하게 되다, ～해지다
★い형용사의 어간에 접속한다.

日本語の 勉強が だんだん 面白く なります。

日が 長く なりました。

発音が よく なる 方法は 何ですか。

2

～になる ～하게 되다, ～해지다, ～가 되다
★な형용사의 어간 또는 명사에 접속한다.

最近、きれいに なりましたね。

彼の ことが だんだん 好きに なります。

お金持ちに なりたいです。

3

～ながら ～하면서

音楽を 聴きながら 勉強します。

テレビを 見ながら ご飯を 食べました。

電話しながら メモしました。

WORDS

うまい 잘하다, 맛있다 | **まだまだ** 아직, 아직도 | **早はやく** 빨리 | **だんだん** 점점 | **漢字かんじ** 한자 | **発音はつおん** 발음 | **日ひ** 해, 하루, 날 |
長ながい 길다 | **電話でんわする** 전화하다 | **メモする** 메모하다

Pattern Practice 2

A 다음을 〈보기〉와 같이 바꿔 보세요.

> 보기　お茶を 飲む / 話す
> ⇒ お茶を 飲みながら 話しましょう。

1 歌を 歌う / 料理する
　⇒ お母さんは ＿＿＿＿＿＿＿＿＿＿＿ て います。

2 話を 聞く / メモする
　⇒ ＿＿＿＿＿＿＿＿＿＿＿ て ください。

3 辞書を 引く / 英語の 本を 読む
　⇒ ＿＿＿＿＿＿＿＿＿＿＿ ます。

B 다음을 〈보기〉와 같이 바꿔 보세요.

> 보기　きれいだ
> ⇒ 最近、きれいに なりましたね。

1 にぎやかだ　⇒ 昔は 静かでしたが、ずいぶん ＿＿＿＿ ました。

2 元気だ　⇒ おかげさまで、もう ＿＿＿＿ ました。

3 有名だ　⇒ あの 会社は かなり ＿＿＿＿ ました。

48

C 다음을 〈보기〉와 같이 바꿔 보세요.

보기
うまい
⇒ 最近 日本語が うまく なりましたね。

1 涼しい

⇒ ずいぶん _____ ましたね。

2 難しい

⇒ だんだん _____ ますね。

3 高い

⇒ 弟は 私より 背が 10センチも _____ ました。

Listening Training

 잘 듣고 내용에 맞는 그림을 고르세요. CD 32

보기 ⓐ ⓑ ⓒ ⓓ

1 _____ 2 _____ 3 _____ 4 _____

WORDS

〜しています 〜하고 있습니다 | 〜してください 〜해 주세요 | 話はなし 이야기 | 聞きく 듣다 | 辞書じしょを引ひく 사전을 찾다 | にぎやかだ 번화하다 | 昔むかし 옛날, 예전 | ずいぶん 대단히, 몹시 | おかげさまで 덕분에 | かなり 꽤, 상당히 | 涼すずしい 시원하다, 선선하다 | 〜より 〜보다 | センチ 센티미터

Writing Note

다음 한자를 쓰면서 외워 봅시다.

한자	뜻	읽기	획순	연습
映	비출 **영**	음 エイ　훈 うつる/うつす/はえる　획수 9	丨 冂 日 日 旷 昍 昍 映 映	映 映 映 映 映 映 映 映
画	그림 **화**, 그을 **획**	음 カク/ガ　훈 えがく/かく　획수 8	一 丅 门 币 亩 亩 画 画	画 画 画 画 画 画 画 画
発	쏠 **발**	음 ハツ/ホツ　획수 9	フ ヲ ヺ 癶 癶 癶 発 発 発	発 発 発 発 発 発 発 発
音	소리 **음**	음 オン/イン　훈 おと/ね　획수 9	丶 亠 亠 立 立 产 音 音 音	音 音 音 音 音 音 音 音

Reading Quiz

다음을 읽고 질문에 답해 보세요.

去年の　夏休みに、日本へ　旅行に　行きたかったですが、
行けませんでした。だから　今年は　必ず　行きたいです。
日本で　きれいな　夜景を　見ながら　ビールを　飲みたいです。
そして　おいしい　ラーメンも　食べたいです。

Quiz 다음 중 글쓴이가 일본에서 하고 싶은 일이 아닌 것은 무엇입니까?

① 라면을 먹는다.　② 맥주를 마신다.　③ 쇼핑을 한다.

*だから 그래서 | 行いける 갈 수 있다 | 必かならず 꼭, 반드시 | 夜景やけい 야경

Speaking Tool Box

예

A　週末に　何が　したいですか。

B　日本に　旅行に　行きたいです。

どこか　遊びに　行く

マッサージに　行く

ゲームを　する

日本の　ドラマを　見る

お酒を　飲む

合コンする

一人で　休む

一日中　寝る

05

何にしますか。
뭘로 할까요?

　　①～にする　②～ことにする　③～し、　④～やすい/～にくい　⑤～(の)ために
⑥～すぎる

Dialogue 1

CD 33

ノ・ダミ　　千秋さん、何に しますか。ここは ビビンバも

　　　　　おいしいし、チゲも おいしいですよ。

千秋　　　僕は キムチチゲに します。

ノ・ダミ　　えーっと、私は ビビンバ。高橋さんは？

高橋　　　僕は いいです。

　　　　　今日から ダイエットする ことに しました。

1 **〜にする**　〜으로 하다

お茶に しますか、それとも コーヒーに しますか。

約束は 何時に しましょうか。

待ち合わせの 場所は ホテルの ロビーに しました。

2 **〜し、**　〜하고(나열)

チャジャンミョンも 食べたいし、チャンポンも 食べたいです。

山にも 行きたいし、海にも 行きたいです。

味も いいし、値段も 安いし、人気の 店です。

3 **〜ことにする**　〜하기로 하다, 〜하는 것으로 하다

会社を やめる ことに しました。

日本へ 留学に 行く ことに しました。

午後 7時に 会う ことに しました。

WORDS

ビビンバ 비빔밥 | **キムチチゲ** 김치찌개 | **それとも** 아니면 | **待ち合わせ** (약속을 정하고) 상대를 기다림 | **場所** ばしょ 장소 | **ロビー** 로비 | **〜にも** 〜에도 | **山** やま 산 | **海** うみ 바다 | **味** あじ 맛 | **人気** にんき 인기 | **やめる** 그만두다, 끊다 | **留学** りゅうがく 유학

A 다음을 〈보기〉와 같이 ~し로 연결해 보세요.

> 보기　あの　レストランは　高い / おいしく　ない
>
> ⇒ あの　レストランは　高いし、おいしく　ないです。

1　彼は　ハンサムだ / お金持ちだ

　⇒ _____

2　彼女は　美人だ / 頭も　いい

　⇒ _____

3　彼は　勉強も　できる / サッカーも　上手だ

　⇒ _____

B 다음을 〈보기〉와 같이 바꿔 보세요.

> 보기　来週 / ジョギングする
>
> ⇒ 来週から　ジョギングする　ことに　しました。

1　明日 / タバコを　やめる

　⇒ _____

2　今日 / ダイエットする

　⇒ _____

3　今夜 / 早く　寝る

　⇒ _____

C 다음을 〈보기〉와 같이 묻고 답해 보세요.

> 보기　うどん
> ⇒ A 昼ご飯の メニューは 何に しましょうか。
> 　　B うどんに しましょう。

1 駅前の お店　　⇒ A 飲み会の 場所は どこに しましょうか。
　　　　　　　　　　 B _____

2 1時　　　　　⇒ A 明日の 約束は 何時に しましょうか。
　　　　　　　　　　 B _____

3 中村さん　　　⇒ A 来週の 当番は 誰に しましょうか。
　　　　　　　　　　 B _____

Listening Training

 대화를 듣고 질문의 대답에 해당하는 그림을 〈보기〉에서 고르세요. CD 36

보기　ⓐ　　　ⓑ　　　ⓒ　　　ⓓ

1 _____　2 _____　3 _____　4 _____

WORDS

| ジョギングする 조깅하다 | タバコをやめる 담배를 끊다 | 駅前 えきまえ 역 앞 | 当番 とうばん 당번 | ～なあ ～구나(감탄) |

ノ・ダミ　あっ、それ、漢方薬<ruby>漢方薬<rt>かんぽうやく</rt></ruby>じゃ ないですか。

苦<ruby>苦<rt>にが</rt></ruby>く ないですか。

高橋　苦<ruby>苦<rt>にが</rt></ruby>いですよ。確<ruby>確<rt>たし</rt></ruby>かに 飲<ruby>飲<rt>の</rt></ruby>みやすくは ないですが、

ダイエットのために。

ノ・ダミ　へえ、ダイエットのために 薬<ruby>薬<rt>くすり</rt></ruby>まで？

それは 薬<ruby>薬<rt>くすり</rt></ruby>の 飲<ruby>飲<rt>の</rt></ruby>みすぎですよ。

1 **～やすい/～にくい**   ～하기 쉽다 / ～하기 어렵다

説明が　詳しくて　分かりやすいですね。

文章が　易しくて　読みやすかったです。

電話では　ちょっと　話しにくいですが。

字が　小さくて　読みにくいです。

2 **～(の)ために**   ～을 위해, ～때문에

恋人のために　料理を　しました。

日本語を　勉強するために　日本に　行きます。

就職するために　英語を　勉強します。

3 **～すぎる**   너무 ～하다, 지나치게 ～하다

仕事が　忙しすぎて　週末にも　会社に　行きました。

昨日は　気分が　よくて　お酒を　飲みすぎました。

★～すぎ라고 하면 '너무 ～함, 지나치게 ～함'이란 뜻의 명사형이 된다.

食べすぎは　体に　よく　ないです。

WORDS

漢方薬かんぽうやく 한약 ｜ **苦**にが**い** 쓰다 ｜ **確**たし**かに** 분명히 ｜ **薬**くすり 약 ｜ **詳**くわ**しい** 자세하다 ｜ **文章**ぶんしょう 문장 ｜ **易**やさ**しい** 쉽다
～では ～로는, ～에서는 ｜ **字**じ 글자 ｜ **就職**しゅうしょく**する** 취직하다 ｜ **気分**きぶん 기분 ｜ **体**からだ 몸

Pattern Practice 2

A 다음 동사를 〈보기〉와 같이 바꿔 보세요.

> 보기 分かる
> ⇒ この 本は 絵が 多くて 分かりやすいです。

1 住む
⇒ この 町は 物価も 安いし、人も 親切で ＿＿＿＿＿＿ ところです。

2 太る
⇒ 彼は ＿＿＿＿＿＿ 体質だから 甘い ものは 食べません。

3 引く
⇒ 冬は 風邪を ＿＿＿＿＿＿ から 気を つけて ください。

B 다음 동사를 〈보기〉와 같이 바꿔 보세요.

> 보기 飲む
> ⇒ 漢方薬は 苦くて 飲みにくいです。

1 読む　　　⇒ 辞書の 字が 小さくて ＿＿＿＿＿＿。

2 歩く　　　⇒ ハイヒールでは でこぼこの 道は ＿＿＿＿＿＿。

3 分かる　　⇒ この 授業は 難しくて ＿＿＿＿＿＿。

C 다음을 〈보기〉와 같이 바꿔 말해 보세요.

> 보기
>
> A 毎日_{まいにち} コーヒーを 5杯_{ごはい} 飲_のみます。
>
> B それは 飲_のみすぎですよ。

1 A 毎日_{まいにち} タバコを 20本_{にじゅっぽん} 吸_すいます。

  B _____ 。

2 A 今日_{きょう} Ｔシャツを 5枚_{ごまい} 買_かいました。

  B _____ 。

3 A ハンバーガーを 3つ_{みっ} 食_たべました。

  B _____ 。

Listening Training

잘 듣고 다음 설명이 맞으면 ○, 틀리면 × 표시를 하세요. CD 40

1 _____ 술을 많이 마셔서 기분이 좋아졌습니다.

2 _____ 글씨가 작아서 잘 안 보입니다.

3 _____ 일본어를 공부하러 일본에 갑니다.

4 _____ 단것을 매우 좋아합니다.

WORDS

絵え 그림 | 住すむ 살다 | 町まち 마을 | 物価ぶっか 물가 | 体質たいしつ 체질 | もの 것(사물) | 風邪かぜを引ひく 감기에 걸리다 | 気きをつけてください 조심하세요 | 歩あるく 걷다 | ハイヒール 하이힐 | でこぼこ 울퉁불퉁 | ～杯はい 잔, 그릇(그릇에 담은 액체나 공기에 담은 밥을 세는 단위) | ～枚まい ～장(얇고 평평한 것을 세는 단위)

다음 한자를 쓰면서 외워 봅시다.

留 머무를 류	음 リュウ/ル　훈 とまる/とめる　획수 10
	﹅　﹅　卩　卯　卯　卯　留　留　留　留
	留　留　留　留　留　留　留　留

学 배울 학	음 ガク　훈 まなぶ　획수 8
	﹅　﹅　﹅　﹅　学　学　学　学
	学　学　学　学　学　学　学　学

説 말씀 설	음 セツ/ゼイ　훈 とく　획수 14
	﹅　﹅　言　言　言　言　言　言　訪　訪　説　説　説　説
	説　説　説　説　説　説　説　説

明 밝을 명	음 メイ/ミョウ　훈 あかす/あかり/あかるい/あきらか/あける　획수 8
	丨　冂　冂　日　日　明　明　明
	明　明　明　明　明　明　明　明

🦉 **Reading Quiz**

다음을 읽고 질문에 답해 보세요.

最近、健康のために　ダイエットを　始めました。

もう　ひとつの　目的は、女性に　モテるためです。

僕は　太りやすい　タイプなので、ダイエットするのが　大変です。

Quiz 다이어트를 하는 이유가 아닌 것은?

① 건강을 위해서　　② 여자에게 인기를 얻기 위해　　③ 맞는 옷이 없어서

* **目的** もくてき 목적 | **モテる** 인기가 있다

Speaking Tool Box

표현　～ことに　しました

예　今日から　ダイエットする　ことに　しました。

お酒を　やめる

大学院に　進学する

ジムに　通う

ポジティブに　考える

絵を　習う

毎朝　運動する

一日　一時間以上　歩く

日記を　書く

학/습/포/인/트　① 동사의 て형　② ～てください　③ ～ている : 진행, 상태, 착용

Dialogue 1

CD 41

医者	どう しましたか。
ノ・ダミ	咳が ひどくて のどが 痛いんです。
医者	熱は ありますか。
ノ・ダミ	はい、熱が あって 寒気が します。
医者	風邪ですね。
	薬を 飲んで ゆっくり 休んで ください。

1 | 동사의 て형   ～하고, ～해서

1그룹 동사 **(5단 동사)**	－う・－つ・－る → －って	会_あう → 会_あって 만나고, 만나서 待_まつ → 待_まって 기다리고, 기다려서 乗_のる → 乗_のって 타고, 타서	
	－ぬ・－ぶ・－む → －んで	死_しぬ → 死_しんで 죽고, 죽어서 呼_よぶ → 呼_よんで 부르고, 불러서 飲_のむ → 飲_のんで 마시고, 마셔서	
	－く(ぐ) → －いて(いで)	書_かく → 書_かいて 쓰고, 써서 脱_ぬぐ → 脱_ぬいで 벗고, 벗어서 行_いく → 行_いって 가고, 가서 예외	
	－す → －して	話_{はな}す → 話_{はな}して 이야기하고, 이야기해서	
2그룹 동사 **(1단 동사)**	る 떼고 ＋ て	見_みる → 見_みて 보고, 봐서 食_たべる → 食_たべて 먹고, 먹어서	
3그룹 동사 **(불규칙 동사)**		来_くる → 来_きて 오고, 와서 する → して 하고, 해서	

2 | ～てください   ～해 주세요(부탁)

ゆっくり 話_{はな}して ください。

たくさん 食_たべて ください。

うちに 遊_{あそ}びに 来_きて ください。

WORDS

咳_{せき} 기침 | ひどい 심하다 | のど 목 | 熱_{ねつ} 열 | 寒気_{さむけ} 한기, 추위, 오한 | ゆっくり 푹, 천천히

A 다음 동사를 ます형과 て형으로 바꿔 보세요.

기본형	ます형	て형
食^たべる	食^たべます	食^たべて
教^{おし}える		
行^いく		
言^いう		
いる		
勉強^{べんきょう}する		
作^{つく}る		
遊^{あそ}ぶ		
来^くる		
呼^よぶ		
読^よむ		

B 다음을 〈보기〉와 같이 바꿔 보세요.

> 보기　薬^{くすり}を　飲^のむ / ゆっくり　休^{やす}む
> ⇒ 薬^{くすり}を　飲^のんで　ゆっくり　休^{やす}んで　ください。

1　いすに　座^{すわ}る / 説明^{せつめい}を　聞^きく　⇒ _____

2　説明書^{せつめいしょ}を　読^よむ / 製品^{せいひん}を　使^{つか}う　⇒ _____

3　テレビを　消^けす / 本^{ほん}を　読^よむ　⇒ _____

C 다음을 〈보기〉와 같이 바꿔 보세요.

> 보기 ペットが 死ぬ / 悲しい
> ⇒ ペットが 死んで 悲しいです。

1 お腹が すく / 歩きたく ない

⇒ _____

2 お酒を 飲む / 気分が いい

⇒ _____

3 彼氏が 帰る / さびしい

⇒ _____

Listening Training

잘 듣고 두 문장을 한 문장으로 만들 때 필요한 말을 빈칸에 넣어 보세요. CD 44

1 友達と 映画を _____ ビールを 飲みました。

2 服を _____ お風呂に 入りました。

3 薬を _____ 寝ました。

4 デパートに _____ カメラを 買いました。

WORDS

教おしえる 가르치다 | いす 의자 | 座すわる 앉다 | 説明書せつめいしょ 설명서 | 製品せいひん 제품 | 使つかう 사용하다 | 消けす 끄다, 지우다 | お腹なかがすく 배가 고프다 | さびしい 쓸쓸하다, 외롭다 | お風呂ふろに入はいる 목욕하다, 욕조에 들어가다

高橋	ノ・ダミさん、何^{なに}を　見^みて　笑^{わら}って　いるんですか。
ノ・ダミ	日本^{にほん}の　サイトを　見^みて　いるんですが、
	面白^{おもしろ}い　ものが　あって。
高橋	何^{なん}ですか。
ノ・ダミ	この　眼鏡^{めがね}を　かけて　いる　人^{ひと}、
	部長^{ぶちょう}に　似^にて　いませんか。
高橋	あっ、本当^{ほんとう}だ！　似^にて　いますね。

1 **〜ている** 〜하고 있다, 〜했다, 〜어 있다

1. 진행 何を して いますか。

友達と 話を して います。

みんな 待って いるから 早く 来て ください。

2. 상태 彼の こと、知って いますか。

彼は もう 結婚して います。

どこに 住んで いますか。

3. 착용 スーツを 着て います。

スカートを はいて います。

今 して いる ピアスは どこで 買いましたか。

2 **〜ていません** 〜하고 있지 않습니다

最近、全然 勉強して いません。

今 現金は 持って いませんが。

まだ 結婚して いません。

WORDS

笑**わらう** 웃다 | **サイト** 사이트 | **眼鏡**めがね 안경 | **かける** 걸치다, 쓰다 | **〜に似にる** 〜을 닮다 | **〜に住すむ** 〜에 살다 | **スーツ** 양복 | **ピアス** 피어스, 귀걸이 | **全然**ぜんぜん 전혀

A 노다미 씨의 가족 모습입니다. 그림을 보고 〈보기〉와 같이 바꿔 보세요.

> 보기　ノ・ダミさん / 日本語を 勉強する
>
> ⇒ ノ・ダミさんは 今、日本語を 勉強して います。

1　おばあさん / 家の 前を 散歩する

⇒ _____

2　お父さん / 新聞を 読む

⇒ _____

3　お母さん / ドラマを 見る

⇒ _____

4　弟 / お風呂に 入る

⇒ _____

5　モモちゃん / ソファーの 上で 寝る

⇒ _____

B　괄호 안의 동사를 〈보기〉와 같이 바꿔 말해 보세요.

보기
A 結婚して いますか。

B いいえ、まだ 結婚して いません。(結婚する)

1 A 今、疲れて いますか。

B いいえ、全然 ＿＿＿＿＿＿＿＿＿ (疲れる)

2 A お腹が すいて いますか。

B いいえ、＿＿＿＿＿＿＿＿＿ (すく)

3 A 千秋さんは お母さんに 似て いますか。

B いいえ、＿＿＿＿＿＿＿＿＿ (似る)

Listening Training

 잘 듣고 대화에서 가리키고 있는 사람을 찾아 보세요. CD 48

보기
ⓐ　　ⓑ　　ⓒ　　ⓓ

정답 ＿＿＿＿＿＿＿

WORDS

疲つかれる 피곤하다, 지치다

다음 한자를 쓰면서 외워 봅시다.

寒 찰 한	음 カン　　훈 さむい　　획수 12 丶　丶　宀　宀　宀　宀　宔　宔　実　実　寒　寒 寒　寒　寒　寒　寒　寒　寒　寒
気 기운 기	음 キ/ケ　　획수 6 丿　一　七　气　气　気 気　気　気　気　気　気　気　気
本 밑 본	음 ホン　　훈 もと　　획수 5 一　十　才　木　本 本　本　本　本　本　本　本　本
当 당할 당	음 トウ　　훈 あたる/あてる　　획수 6 丨　丨　丷　半　当　当 当　当　当　当　当　当　当　当

Reading Quiz

다음을 읽고 질문에 답해 보세요.

今日、風邪で 病院に 行って きました。

咳が ひどくて のどが 痛くて、熱も あるし 寒気も しました。

うちに 帰って、薬を 飲んで ゆっくり 休みました。

Quiz　다음 중 오늘 한 일이 아닌 것은 무엇입니까?

① 약을 먹다.　　② 주사를 맞다.　　③ 병원에 가다.

Speaking Tool Box

예 　男の人は　眼鏡を　かけて　います。
　女の人は　ブラウスを　着て　います。

眼鏡

帽子

シャツ

サングラス

ネクタイ

スーツ

ブラウス

時計

スカート

指輪

ズボン

くつ

サンダル

UNIT 07 ケータイをなくしてしまいました。

휴대폰을 잃어버렸어요.

Dialogue 1

CD 49

ノ・ダミ   ケータイを なくして しまいました。

千秋   ポケットの 中^{なか}は 見^みて みましたか。

ノ・ダミ   あっ、ありました。

千秋   この前^{まえ}も 同^{おな}じ ことが ありましたよ。
覚^{おぼ}えて いませんか。

1 　～てしまう 　～해 버리다

昨日 覚えた 単語を すっかり 忘れて しまいました。

風邪を 引いて しまいました。

疲れて 仕事を 休んで しまいました。

★ ～てしまう(～でしまう)를 줄여서 ～ちゃう(～じゃう)라고도 한다.

秘密を 言っちゃいました。

また 飲んじゃいました。

2 　～てみる 　～해 보다

今年は 何でも やって みる ことに しました。

もう 一度 確認して みます。

よく 分からないけど、先生に 聞いて みましょうか。

WORDS

なくす 분실하다, 잃다 │ **ポケット** 주머니 │ **中**なか 안, 속 │ **この前**まえ 얼마 전, 요전 │ **覚**おぼ**える** 기억하다, 외우다 │ **単語**たんご 단어 │ **すっかり** 깜빡, 완전히 │ **忘**わす**れる** 잊어버리다, 잃어버리다 │ **何**なん**でも** 뭐든지 │ **やる** 하다, 행하다 │ **もう一度**いちど 다시 한번 │ **確認**かくにん**する** 확인하다 │ **よく** 자주, 잘 │ **分**わ**からない** 모르다

A 다음 동사를 〈보기〉와 같이 바꿔 보세요.

> 보기　食^たべる
> ⇒ 妹^{いもうと}の　クッキーを　全部^{ぜんぶ}　食^たべて　しまいました。

1 読^よむ
⇒ 400^{よんひゃく}ページの　小説^{しょうせつ}を　一晩^{ひとばん}で　全部^{ぜんぶ}　_____。

2 落^おとす
⇒ 財布^{さいふ}を　どこかに　_____。

3 消^きえる
⇒ 勉強中^{べんきょうちゅう}に　電気^{でんき}が　_____。

4 壊^{こわ}れる
⇒ 新^{あたら}しい　カメラが　もう　_____。

5 終^おわる
⇒ 見^みたい　映画^{えいが}だったのですが、もう　_____。

6 居眠^{いねむ}りする
⇒ 一晩中^{ひとばんじゅう}　ゲームを　して、授業^{じゅぎょう}で　_____。

B 다음 동사를 〈보기〉와 같이 바꿔 보세요.

보기　着物を　着る
　　　⇒ 着物を　<u>着て</u>　みました。

1　作る　　　　⇒ 和食を ＿＿＿＿＿＿＿ ました。

2　登る　　　　⇒ 富士山に ＿＿＿＿＿＿＿ ました。

3　行く　　　　⇒ 宇宙に ＿＿＿＿＿＿＿ たいです。

4　聞く　　　　⇒ 交番で ＿＿＿＿＿＿＿ て　ください。

5　調べる　　　⇒ もう一度 ＿＿＿＿＿＿＿ ましょう。

Listening Training

 잘 듣고 빈칸에 들어갈 말을 히라가나로 써 보세요. CD 52

1　この　靴、 ＿＿＿＿＿＿＿ いいですか。

2　財布を ＿＿＿＿＿＿＿ しまいました。

3　クッキーを ＿＿＿＿＿＿＿ みました。

4　お酒を ＿＿＿＿＿＿＿ しまいました。

WORDS

ページ 페이지 ｜ 一晩ひとばんで 하룻밤에 ｜ 財布さいふ 지갑 ｜ 落おとす 떨어뜨리다 ｜ 消きえる 꺼지다 ｜ 電気でんき 전기 ｜ 壊こわれる 부서
지다, 고장나다 ｜ 一晩中ひとばんじゅう 밤새 ｜ 居眠いねむりする 졸다 ｜ 着物きもの 기모노(일본 전통 의상) ｜ 和食わしょく 일식 ｜ 登のぼる 오르
다 ｜ 宇宙うちゅう 우주 ｜ 交番こうばん 파출소 ｜ 調しらべる 조사하다

ノ・ダミ　部長は　出張ですか。

高橋　　　はい。

ノ・ダミ　机の　上に　部長からの　メモが　置いて　ありました。

高橋　　　何て　書いて　ありましたか。

ノ・ダミ　「この　書類を　3枚　コピーして　おいて　ください。

事務室を　出る　ときは、窓が　閉めて　あるか

確認して　ください。」

高橋　　　へえ、部長って　細かいんですね。

1 | 타동사 + てある ～되어 있다(상태)

ドアが 開けて ありました。

部屋に 電気が つけて ありました。

家の 前に 車が 止めて あります。

자동사	타동사
窓が 閉まる 창문이 닫히다	窓を 閉める 창문을 닫다
ドアが 開く 문이 열리다	ドアを 開ける 문을 열다
電気が つく 전기가 켜지다	電気を つける 전기를 켜다
車が 止まる 차가 멈추다	車を 止める 차를 세우다
かぎが かかる 열쇠가 잠기다	かぎを かける 열쇠를 잠그다
火が 消える 불이 꺼지다	火を 消す 불을 끄다

2 | ～ておく ～해 두다

その 話は 秘密に して おきます。

レストランを 予約して おきました。

ちゃんと メモして おいて ください。

WORDS

～からの ～로부터의 | 置おく 두다, 놓다 | 何なんて 뭐라고(= なんと) | 書類しょるい 서류 | コピーする 복사하다 | 事務室じむしつ 사무실 |
出でる 나오다 | 閉しめる 닫다 | 細こまかい 세심하다 | かぎ 열쇠 | 火ひ 불

A 저녁에 열리는 파티를 위해 공간을 준비해 두었습니다. 그림을 보고 다음과 같이 바꿔 보세요.

1 電気 / つける

⇒ 電気が つけて あります。

2 窓 / 閉める

⇒ _____

3 花 / 飾る

⇒ _____

4 飲み物 / 準備する

⇒ _____

5 プレゼント / 買う

⇒ _____

6 音楽 / かける

⇒ _____

B 다음을 〈보기〉와 같이 바꿔 보세요.

보기 窓(まど) / 開(あ)ける。
⇒ 窓(まど)を 開(あ)けて おきました。

1 電気(でんき) / つける

⇒ _____

2 窓(まど) / 閉(し)める

⇒ _____

3 花(はな) / 飾(かざ)る

⇒ _____

Listening Training

 잘 듣고 다음 설명이 맞으면 ○, 틀리면 × 표시를 하세요. CD 56

1 _____ 김 씨는 지난 주에 미국에 다녀왔습니다.

2 _____ 지난 주에 여권을 만들어 두었습니다.

3 _____ 비행기 표를 예약해 두었습니다.

4 _____ 호텔은 아직 예약하지 않았습니다.

WORDS

飾(かざ)る 장식하다 | 準備(じゅんび)する 준비하다 | 音楽(おんがく)をかける 음악을 켜다(틀다) | パスポート 여권 | チケット 티켓

다음 한자를 쓰면서 외워 봅시다.

確 굳을 확	음 カク　　훈 たしかめる　　획수 15 一 丆 石 石 石 矿 矿 矿 矿 矿 砡 碏 碏 確 確 確 確 確 確 確 確 確 確	
認 알 인	음 ニン　　훈 みとめる　　획수 14 丶 亠 亖 亖 言 言 訶 訶 認 認 認 認 認 認 認 認 認 認 認 認 認 認	
出 날 출	음 シュツ　　훈 でる/だす　　획수 5 丨 屮 屮 出 出 出 出 出 出 出 出 出 出	
張 베풀 장	음 チョウ　　훈 はる　　획수 11 フ ㄱ 引 引 严 严 張 張 張 張 張 張 張 張 張 張 張 張	

🦇 **Reading Quiz**

다음을 읽고 질문에 답해 보세요.

最近 物忘れが ひどいんです。

まだ 25歳なのに 何でも よく 忘れて しまいます。

今日も また ケータイを なくして しまいました。

Quiz 다음 중 글쓴이에 대한 설명이 아닌 것을 고르세요.

① 휴대폰을 주웠다.　　② 25살이다.　　③ 건망증이 심하다.

‡ 物忘ものわすれ 건망증

 Speaking Tool Box

★ 다음 표현을 사용하여 방의 상태를 설명해 보세요.

표현   자동사+ています / 타동사+てあります
예 窓が 開いて います。/ 花瓶が 置いて あります。

ファイルを消してもいいですか。

파일을 지워도 됩니까?

학/습/포/인/트　① 허가 표현 : ~てもいい　② 금지 표현 : ~てはいけない　③ ~てから　④ ~から/~ので(이유)
　　　　　　　⑤ ~てほしい　⑥ ~のに(역접)

Dialogue 1

CD 57

ノ・ダミ　ハードディスクの　容量が　足りないんですけど、

　　　　　この　ファイル、消しても　いいですか。

高橋　　　いいえ、まだ　消しては　いけませんよ。

　　　　　去年の　資料を　CDに　焼いてから　消して　ください。

ノ・ダミ　はい、分かりました。

82

1　**〜てもいい**　〜해도 된다(허가)

ここに 車を 止めても いいですか。

明日 休んでも いいですか。

先に 帰っても いいですよ。

2　**〜てはいけない**　〜해선 안 된다(금지)

ここで タバコを 吸っては いけない。

お酒を 飲んで 運転しては いけません。

★〜てはダメだ를 쓰기도 한다.

授業中、ケータイを 使っては ダメですよ。

3　**〜てから**　〜하고 나서

手を 洗ってから ご飯を 食べて ください。

まず ご飯を 食べてから 飲みに 行きましょう。

スーツを 着て みてから 買いました。

WORDS

ハードディスク 하드 디스크 ┃ **容量**ようりょう 용량 ┃ **足たりない** 부족하다 ┃ **ファイル** 파일 ┃ **資料**しりょう 자료 ┃ **焼**やく 굽다 ┃ **先**さきに 먼저, 앞서 ┃ **運転**うんてん**する** 운전하다 ┃ **洗**あらう 씻다 ┃ **まず** 우선, 먼저

A 다음 동사를 〈보기〉와 같이 바꿔 보세요.

> 보기 消^けす
> ⇒ この ファイル、消^けしても いいですよ。

1 つける
⇒ 暑^{あつ}い 日^ひは クーラーを _____。

2 休^{やす}む
⇒ 5月^{ご がつ} 1日^{ついたち}は _____。

3 変^かえる
⇒ 来週^{らいしゅう}の 約束^{やくそく}、他^{ほか}の 日^ひに _____。

B 다음을 〈보기〉와 같이 바꿔 보세요.

> 보기 ファイルを 消^けす
> ⇒ ファイルを 消^けしては いけません。

1 山^{やま}で ごみを 捨^すてる
⇒ _____

2 大^{おお}きい 声^{こえ}で 話^{はな}す
⇒ _____

3 会社^{かいしゃ}で 遅刻^{ち こく}する
⇒ _____

C 다음을 〈보기〉와 같이 바꿔 말해 보세요.

> 보기 うちに 帰る / 掃除が 終わる
>
> ⇒ A うちに 帰っても いいですか。
>
> B 掃除が 終わってから 帰って ください。

1 テレビを 見る / 宿題を する ⇒ A ＿＿＿＿＿＿＿＿＿＿＿＿＿＿

  B ＿＿＿＿＿＿＿＿＿＿＿＿＿＿

2 パンを 食べる / 手を 洗う ⇒ A ＿＿＿＿＿＿＿＿＿＿＿＿＿＿

  B ＿＿＿＿＿＿＿＿＿＿＿＿＿＿

3 今、話す / 休み時間に なる ⇒ A ＿＿＿＿＿＿＿＿＿＿＿＿＿＿

  B ＿＿＿＿＿＿＿＿＿＿＿＿＿＿

Listening Training

 잘 듣고 내용에 맞는 그림을 고르세요. CD 60

보기	ⓐ	ⓑ	ⓒ	ⓓ

1 ＿＿＿＿ 2 ＿＿＿＿ 3 ＿＿＿＿ 4 ＿＿＿＿

WORDS

クーラーをつける 에어컨을 켜다 | **変かえる** 바꾸다 | **ごみ** 쓰레기 | **捨すてる** 버리다 | **声こえ** 소리 | **休やすみ時間じかん** 쉬는 시간

高橋　　　また ロトを 買うんですか。

ノ・ダミ　ゆうべ いい 夢を 見ましたから。

毎週 買って いるので、

今度こそ 当たって ほしいです。

高橋　　　僕は 昨日 怖い 夢を 見ました。

ノ・ダミ　どんな 夢でしたか。

高橋　　　ダイエットして いるのに、

食べ物が いっぱい ある 夢でした。

1 ～から/～ので ～하니까, ～하므로(이유)

秘密だから 誰にも 言っては いけませんよ。

夜遅く 寝るから 朝寝坊を するんですよ。

冬は 空が きれいなので 好きです。

頑張りますので よろしく お願いします。

2 ～てほしい ～해 줬으면 좋겠다

私に もう ちょっと 優しく して ほしいです。

早く 元気に なって ほしいです。

もっと 勉強して ほしいです。

3 ～のに ～한데(역접)

こんなに 寒いのに 半そでを 着て いる。

好きなのに どうして 別れるんですか。

恋人が いるのに 合コンを するんですか。

WORDS

ロト 로또(숫자 선택식 복권) ゆうべ 어젯밤 夢ゆめを見みる 꿈을 꾸다 毎週まいしゅう 매주 今度こんど 이번, 이 다음 ～こそ ～야말로
当あたる 맞다, 적중하다 夜遅よるおそく 밤 늦게 朝寝坊あさねぼうをする 늦잠을 자다 空そら 하늘 頑張がんばる 노력하다, 분발하다
もっと 더욱, 좀 더 こんなに 이렇게 半はんそで 반팔 どうして 왜, 어째서 別わかれる 헤어지다, 이별하다

Pattern Practice 2

A 다음을 〈보기〉와 같이 바꿔 보세요.

> 보기　熱が　ある / 帰ります
> ⇨　熱が　あるので　帰ります。

1　それは　必要だ / 捨てては　いけません

　⇨ _____

2　危ない / 気を　つけて　ください

　⇨ _____

3　時間が　ない / 急いで　ください

　⇨ _____

B 다음 동사를 〈보기〉와 같이 바꿔 보세요.

> 보기　当たる
> ⇨　毎週　買って　いるので、今度こそ　当たって　ほしいです。

1　なる　　⇨　海に　行きたいので、早く　夏休みに _____ 。

2　来る　　⇨　3月なのに　まだ　寒いですね。早く　春が _____ 。

3　降る　　⇨　久しぶりに　雨が _____ 。

88

C 다음을 〈보기〉와 같이 바꿔 보세요.

> 보기　ダイエットして　いる / ピザを　いっぱい　食^たべる
>
> ⇒ ダイエットして　いるのに　ピザを　いっぱい　食^たべました。

1 こんなに　寒^{さむ}い / 妹^{いもうと}は　半^{はん}そでで　出^でかける

　⇒ _____

2 彼氏^{かれし}が　いる / 合^{ごう}コンに　行^いく

　⇒ _____

3 宿題^{しゅくだい}が　ある / 友達^{ともだち}と　遊^{あそ}ぶ

　⇒ _____

Listening Training

 잘 듣고 다음 설명이 맞으면 ○, 틀리면 × 표시를 하세요. CD 64

1 _____ 담배를 하루 한 갑 이상 피웁니다.

2 _____ 아이가 김치를 먹었으면 좋겠습니다.

3 _____ 아파서 회사를 쉬었습니다.

4 _____ 보너스를 받아서 새 가방을 샀습니다.

WORDS

必要^{ひつよう}**だ** 필요하다 | **危**^{あぶ}**ない** 위험하다 | **気**^き**をつける** 주의하다, 조심하다 | **久**^{ひさ}**しぶりに** 오랜만에 | **降**^ふ**る** (눈·비 등이) 내리다 | **出**^で**かける** 외출하다 | **具合**^{ぐあい} 상태, 형편 | **お大事**^{だいじ}**に** 몸조심하세요

Writing Note

다음 한자를 쓰면서 외워 봅시다.

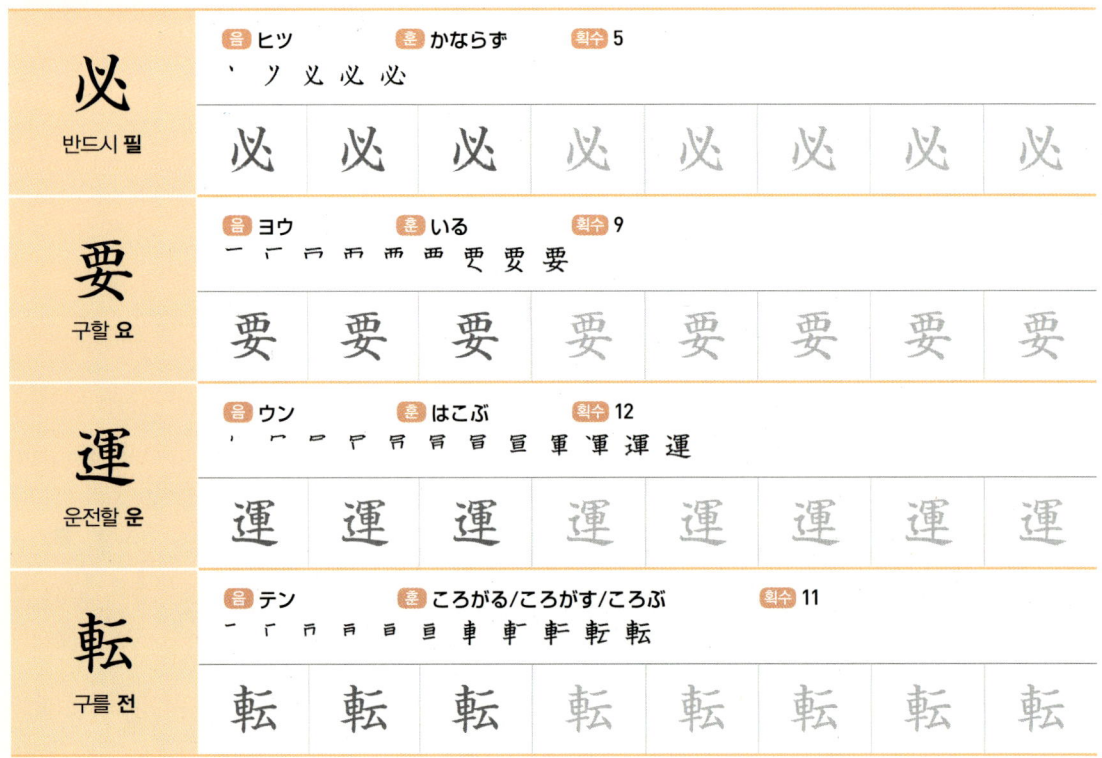

必 반드시 필	음 ヒツ　훈 かならず　획수 5 丶 ソ 必 必 必
	必　必　必　必　必　必　必　必
要 구할 요	음 ヨウ　훈 いる　획수 9 一 一 一 一 一 一 要 要 要
	要　要　要　要　要　要　要　要
運 운전할 운	음 ウン　훈 はこぶ　획수 12 丶 一 一 一 一 一 一 軍 軍 運 運
	運　運　運　運　運　運　運　運
転 구를 전	음 テン　훈 ころがる/ころがす/ころぶ　획수 11 一 一 一 一 一 車 車 転 転
	転　転　転　転　転　転　転　転

Reading Quiz

다음을 읽고 질문에 답해 보세요.

ゆうべ いい 夢を 見ました。それで ロトを 買いました。

毎週 ロトを 買って いますが、いつも ハズレです。

でも、いつかは 当たると 思います。

Quiz　어제 어떤 꿈을 꾸었습니까?

① 복권에 당첨되는 꿈　　② 좋은 꿈　　③ 개꿈

＊ハズレ 빗나감, 꽝

Speaking Tool Box

보기	허가	～てもいいです。
	금지	～てはいけません。 / ～てはダメです。

タバコを 吸う
담배를 피우다

お酒を 飲む
술을 마시다

電話する
전화하다

居眠りを する
졸나

ゴミを 捨てる
쓰레기를 버리다

けんかを する
싸움을 하다

悪口を 言う
욕을 하다

キスを する
키스를 하다

정답 및 해석

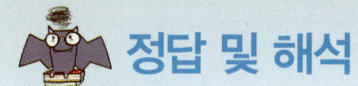

정답 및 해석

UNIT 01 約束ありますか。

Dialogue 1

치아키　노다미씨, 오늘 무슨 약속 있어요?
노다미　네, 데이트가 있어요.
치아키　네? 애인이 있나요?
노다미　아니요, 없어요. 친구예요.
치아키　그건 데이트가 아니에요.

Pattern Practice 1

A

1　あります。

2　ありません。

3　あります。

B

1　デジカメは ありますが、MP3は ありません。

2　自転車は ありますが、車は ありません。

3　パソコンは ありますが、テレビは ありません。

C

1　います。

2　いません。

3　います。

Listening Training

1　あります	2　いません
3　ありません	4　います

script

1　今日も 宿題が ありますか。

2　彼女 いますか。

3　現金は ありませんか。

4　キムさんは まだ 日本に いますか。

Dialogue 2

부장　노다미 씨, 지금 어디에 있습니까?
노다미　강남역 근처에 있어요.
부장　옆에 뭐가 있나요?
노다미　은행이랑 커피숍이 있어요.
부장　나는 커피숍 옆에 있는 약국에 있어요.
노다미　주유소 맞은편이군요. 곧 갈게요.

Pattern Practice 2

A

1　後ろ

2　上

3　右

4　前

5　右

6　上

7　隣

8　左

B

1　前

2　向かい

3　隣

4　後ろ

Listening Training

1　×	2　×	2　○	4　○

script

1　レストランの 前に 人が たくさん います。

2　ソファーの 上に 猫が 一匹 います。

3　学校の 向かいに 公園が あります。

4　銀行の 隣に ラーメン屋が あります。

Reading Quiz   answer ③

집은 서교동에 있습니다.
합정역 근처로, 회사에서도 가깝습니다.
집 건너편에 슈퍼가, 옆에는 약국이 있습니다.

UNIT 02 | 仕事の後、どうしますか。

Dialogue 1

다카하시　노다미 씨, 오늘 멋진데요. 어디 가나요?
노다미　친구 생일 파티가 있어요.
　　　　다카하시 씨는 퇴근 후에 어떻게 하세요?
다카하시　오늘은 특별히 예정된 일은 없어요.
　　　　집에서 텔레비전을 볼 거예요.

Pattern Practice 1

A

勉強します	食べます
待ちます	働きます
寝ます	遊びます
終わります	止めます
起きます	死にます
始めます	開けます
来ます	話します
帰ります	言います
見ます	取ります
休みます	急ぎます
会います	行きます

B

1　食べます

2　見ます

3　します

C

1　読みます。

2　聴きます。

3　します。

4　飲みます。

Listening Training

1　起きます		2　食べます	
3　します		4　飲みます	

script

1　キムさんは 何時に 起きますか。

2　朝、何を 食べますか。

3　高橋さんは 先生と 何を しますか。

4　食事の 後、何を しますか。

Dialogue 2

치아키　주말엔 뭘 했어요?
노다미　친구랑 유명한 라면 가게에 갔어요.
　　　　손님이 많아서 한 시간이나 기다렸는데,
　　　　먹는 시간은 10분도 걸리지 않았어요.
　　　　치아키 씨는 뭘 했어요?
치아키　전 취미인 피아노를 쳤어요.

Pattern Practice 2

A

1　聴きます / 聴きません

2　食べます / 食べません

3　はきます / はきません

B

1　お酒は 1本も 飲みませんでした。

2　彼は 5分も 待ちませんでした。

3　昨日は 1時間も 勉強しませんでした。

C

1 見ました

2 しました

3 読みました

Listening Training

1 ② → ③ → ① → ④

script

午前中は 図書館で 本を 読みました。

1時から コンビニで アルバイトを しました。

アルバイトの 後、友達と デパートへ 行きました。

その後、ご飯を 食べました。

Reading Quiz　answer　②

오늘은 친구와 유명한 라면 가게에 갔습니다.
사람이 많아서, 우리는 한 시간이나 기다렸습니다.
하지만, 먹는 시간은 10분도 걸리지 않았습니다.
맛있었지만 아쉬웠습니다.

UNIT 03　一緒に歌いませんか。

Dialogue 1

(노래방에서)

노다미　　다음은 내 차례다!
　　　　　치아키 씨, '곁에 있게' 같이 부르지 않을래요?

치아키　　아뇨, 전 그 노래 모르거든요.

다카하시　노다미 씨, 제가 같이 부를까요?
　　　　　실은 그거 제 십팔번이에요.

Pattern Practice 1

A

1 しませんか

2 食べませんか

---

3 帰りませんか

4 行きませんか

5 始めませんか

6 見ませんか

B

1 この 仕事、私が しましょうか。

2 部屋の 掃除、手伝いましょうか。

3 窓、開けましょうか。

Listening Training

1 ○　　　2 ×　　　3 ×　　　4 ○

script

A　マキさん。土曜日、江南で 食事を しませんか。

B　いいですよ。

A　それから、食事の 後 一杯 飲みませんか。

B　すみません。お酒は 苦手で…。それより、
　　雰囲気の いい カフェに 行きませんか。

A　いいですよ。何時に 会いましょうか。

B　5時に 江南駅で 会いましょう。

Dialogue 2

치아키　　어제 미팅, 어땠어요?

다카하시　최고였어요.
　　　　　상냥하고 귀엽고, 이상적인 여자를 만났거든요.

치아키　　잘됐네요. 오늘도 그녀를 만나나요?

다카하시　네, 이제 만나러 가요.

Pattern Practice 2

A

1 友達の うちへ CDを 借りに 行きます。

2 郵便局へ 手紙を 出しに 行きます。

3 図書館へ 本を 返しに 行きます。

4 公園へ 桜を 見に 行きます。

5 ジムへ 運動を しに 行きます。

6 渋谷へ 飲みに 行きます。

B

1 駅で 友達に 会いました。

2 レストランで 先生に 会いました。

3 道で 芸能人に 会いました。

Listening Training

1 に	2 と、に
3 に	4 に

script

1 昨日 何を しましたか。

2 今日は 何を しますか。

3 どこに 行きますか。

4 会社に 来る 時、バスに 乗りますか。

Reading Quiz   answer ②

치아키 씨와 다카하시 씨와 같이 노래방에 갔습니다.
'곁에 있을게'를 다카하시 씨와 같이 불렀습니다.
다카하시 씨는 '곁에 있을게'가 자기 십팔번이라고 말했습니다.
다카하시 씨는 노래를 잘했습니다.

UNIT
04   旅行に 行きたいです。

Dialogue 1

다카하시   올해 여름 휴가에 뭐 하고 싶은 일이 있어요?
노다미   도쿄나 오사카에 여행 가고 싶어요.
          전부터 줄곧 가고 싶었거든요.
          다카하시 씨는 뭘 하고 싶어요?
다카하시   글쎄요.
          저도 어디 가고 싶은데, 일본에는 가고 싶지 않아요.

Pattern Practice 1

A

寝たい	寝たかった	寝たくない
行きたい	行きたかった	行きたくない
会いたい	会いたかった	会いたくない
読みたい	読みたかった	読みたくない
食べたい	食べたかった	食べたくない
見たい	見たかった	見たくない
帰りたい	帰りたかった	帰りたくない
話したい	話したかった	話したくない

B

1 私が 作りたかったのは いちごケーキです。
  チーズケーキじゃ ありません。

2 私が 読みたかったのは 面白い 漫画です。
  小説じゃ ありません。

3 私が 着たかったのは きれいな ワンピースで
  す。Tシャツと ジーパンじゃ ありません。

C

1 飲みたい / 飲みたく ない

2 見たい / 見たく ない

3 呼びたい / 呼びたく ない

Listening Training

1 ⓓ	2 ⓐ	3 ⓑ	4 ⓒ

script

1 私が 食べたかったのは おすしです。

2 体の 具合が 悪くて、何も 食べたく ない
  です。

3 先生に 話したい ことが あります。

4 日本の 大学に 行きたかったです。

Dialogue 2

부장　노다미 씨, 요즘 일본어가 늘었네요.
노다미　아뇨, 아직 멀었어요.
　　　　빨리 잘하게 되고 싶은데, 점점 어려워지네요.
부장　일하면서 공부하는 게 힘들죠?
　　　　특히 뭐가 어렵나요?
노다미　한자와 발음이 어려워요.

Pattern Practice 2

A

1　歌を　歌いながら　料理し

2　話を　聞きながら　メモし

3　辞書を　引きながら　英語の　本を　読み

B

1　にぎやかに　なり

2　元気に　なり

3　有名に　なり

C

1　涼しく　なり

2　難しく　なり

3　高く　なり

Listening Training

1 ⓑ	2 ⓒ	3 ⓓ	4 ⓐ

script

1　ビールを　飲みながら　話しました。

2　音楽を　聴きながら　勉強しました。

3　パソコンゲームを　しながら　電話を　します。

4　テレビを　見ながら　ご飯を　食べます。

Reading Quiz　answer　③

작년 여름 휴가 때 일본에 여행 가고 싶었는데, 못 갔습니다.
그래서 올해는 꼭 가고 싶어요.
일본에서 멋진 야경을 보면서 맥주를 마시고 싶어요.
그리고 맛있는 라면도 먹고 싶어요.

UNIT 05　何にしますか。

Dialogue 1

노다미　치아키 씨, 뭘로 할 거예요?
　　　　여기는 비빔밥도 맛있고 찌개도 맛있어요.
치아키　저는 김치찌개로 할게요.
노다미　그럼, 난 비빔밥. 다카하시 씨는요?
다카하시　저는 됐어요.
　　　　　오늘부터 다이어트하기로 했거든요.

Pattern Practice 1

A

1　彼は　ハンサムだし、お金持ちです。

2　彼女は　美人だし、頭も　いいです。

3　彼は　勉強も　できるし、サッカーも　上手です。

B

1　明日から　タバコを　やめる　ことに　しました。

2　今日から　ダイエットする　ことに　しました。

3　今夜から　早く　寝る　ことに　しました。

C

1　駅前の　お店に　しましょう。

2　1時に　しましょう。

3　中村さんに　しましょう。

Listening Training

1 ⓐ	2 ⓓ	3 ⓑ	4 ⓒ

script

1 A 千秋さん、何に しますか。
　 B 僕は スパゲッティに します。
　 Q 千秋さんは 何を 食べますか。

2 A 何に しますか。
　 B ええっと、ビールに します。
　 Q 男の人は 何を 飲みますか。

3 A 来年、留学に 行く ことに しました。
　 B あ、そうですか。どこへ 行くんですか。
　 A フランスの 大学に しました。
　 B わあ～、僕も 行きたいなあ。
　 Q 女の人は どこへ 留学に 行く ことに しましたか。

4 A 私、来月 彼と 結婚する ことに しました。
　 B え、本当ですか。じゃ、会社は どうするんですか。
　 A 会社は やめる ことに しました。
　 Q 女の人は 来月 何を しますか。

Dialogue 2

노다미　　　 앗, 그거 한약 아니에요? 쓰지 않아요?
다카하시　　 써요. 확실히 마시기 쉽지는 않지만, 다이어트를 위해.
노다미　　　 어머, 다이어트를 위해 약까지?
　　　　　　 그건 약의 남용이네요.

Pattern Practice 2

A
1 住みやすい
2 太りやすい
3 引きやすい

B
1 読みにくいです
2 歩きにくいです
3 分かりにくいです

C
1 それは 吸いすぎですよ
2 それは 買いすぎですよ
3 それは 食べすぎですよ

Listening Training

1 ×	2 ○	2 ○	4 ×

script

1 お酒を 飲みすぎて 気分が 悪く なりました。
2 字が 小さくて 読みにくいです。
3 日本語を 勉強するために 日本に 行きます。
4 私は 甘すぎる ものは あまり 好きじゃ ありません。

Reading Quiz　answer ③

요즘 건강을 위해 다이어트를 시작했습니다.
또 한 가지 목적은 여성에게 인기를 끌기 위해서입니다.
저는 살이 찌기 쉬운 타입이라 다이어트하는 게 힙듭니다.

UNIT 06　ゆっくり休んでください。

Dialogue 1

의사　　 어떻게 오셨습니까?
노다미　 기침이 심하고 목이 아파요.
의사　　 열은 있어요?
노다미　 네, 열이 있고 오한이 나요.
의사　　 감기네요. 약을 먹고 푹 쉬세요.

Pattern Practice 1

A

食べます	食べて
教えます	教えて
行きます	行って
言います	言って
います	いて
勉強します	勉強して
作ります	作って
遊びます	遊んで
来ます	来て
呼びます	呼んで
読みます	読んで

B

1 いすに 座って 説明を 聞いて ください。
2 説明書を 読んで 製品を 使って ください。
3 テレビを 消して 本を 読んで ください。

C

1 お腹が すいて 歩きたく ないです。
2 お酒を 飲んで 気分が いいです。
3 彼氏が 帰って さびしいです。

Listening Training

1 見て	2 脱いで
3 飲んで	4 行って

script

1 友達と 映画を 見ました。
　そして ビールを 飲みました。
2 服を 脱ぎました。
　そして お風呂に 入りました。

3 薬を 飲みました。そして 寝ました。
4 デパートに 行きました。
　そして カメラを 買いました。

Dialogue 2

다카하시　노다미 씨, 뭘 보고 웃고 있어요?
노다미　일본 사이트를 보고 있는데, 재미있는 게 있어서요.
다카하시　뭔데요?
노다미　이 안경 쓴 사람, 부장님 닮지 않았어요?
다카하시　앗, 진짜다! 닮았네요.

Pattern Practice 2

A

1 おばあさんは 今、家の 前を 散歩して います。
2 お父さんは 今、新聞を 読んで います。
3 お母さんは 今、ドラマを 見て います。
4 弟は 今、お風呂に 入って います。
5 モモちゃんは 今、ソファーの 上で 寝て います。

B

1 疲れて いません。
2 すいて いません。
3 似て いません。

Listening Training

Ⓒ

script

A あの人、かっこいい。
B えっ、どの 人ですか。
A あの 眼鏡を かけて いる 人。
B 眼鏡を かけて いる 人は 三人も いますが。
A 背が 高くて スーツを 着て いる 人ですよ。

B　あの　帽子を　かぶって　いる　人ですか。

A　いいえ、あの　人は　かっこよく　ないでしょう。
　　私が　言った　人は　ピアスを　して　いて、
　　新聞を　読んで　いる　人ですよ。

 Reading Quiz　answer　②

오늘 감기로 병원에 다녀왔습니다.
기침이 심하고 목이 아프고, 열도 있고 오한이 났습니다.
집에 돌아와서 약을 먹고 푹 쉬었습니다.

UNIT 07　ケータイをなくしてしまいました。

Dialogue 1
노다미　휴대폰을 잃어버렸어요.
치아키　주머니 속은 찾아봤어요?
노다미　앗, 있어요.
치아키　얼마 전에도 같은 일이 있었잖아요, 기억 안 나요?

Pattern Practice 1
A
1　読んで　しまいました
2　落として　しまいました
3　消えて　しまいました
4　壊れて　しまいました
5　終わって　しまいました
6　居眠りして　しまいました

B
1　作って　み
2　登って　み
3　行って　み
4　聞いて　み
5　調べて　み

Listening Training
| 1　はいて　みても | 2　おとして |
| 3　つくって | 4　のみすぎて |

script
1　この靴、はいて　みても　いいですか。
2　財布を　落として　しまいました。
3　クッキーを　作って　みました。
4　お酒を　飲みすぎて　しまいました。

Dialogue 2
노다미　부장님은 출장인가요?
다카하시　네.
노다미　책상 위에 부장님의 메모가 놓여 있었어요.
다카하시　뭐라고 써 있었어요?
노다미　'이 서류를 세 장 복사해 놓으세요.
　　　　사무실을 나갈 때는 창문이 닫혀 있는지 확인하세요.'
다카하시　와, 부장님은 세심하시네요.

Pattern Practice 2
A
1　電気が　つけて　あります。
2　窓が　閉めて　あります。
3　花が　飾って　あります。
4　飲み物が　準備して　あります。
5　プレゼントが　買って　あります。
6　音楽が　かけて　あります。

B
1　電気を　つけて　おきました。
2　窓を　閉めて　おきました。
3　花を　飾って　おきました。

Listening Training
| 1　× | 2　○ | 2　○ | 4　× |

script

A キムさん。今度の 夏休み、どこか 行きますか。

B ええ、日本へ 旅行に 行きます。

A へー。日本に 行くには パスポートが 必要
じゃ ないですか。

B パスポートは 先週 作って おきました。

A そうですか。飛行機の チケットは 予約しま
したか。

B はい、ちゃんと 予約して あります。
ホテルも 予約して あるし、早く 来週に
なって ほしいです。

A まあ、旅行も いいですけど、仕事は ちゃん
と やって おいて くださいね。

Reading Quiz answer ①

요즘 건망증이 심합니다.
아직 25살인데, 뭐든지 잘 잊어버립니다.
오늘도 또 휴대폰을 잃어버렸습니다.

UNIT 08 ファイルを消してもいいですか。

Dialogue 1

노다미   하드 디스크 용량이 부족한데요,
이 파일 삭제해도 되나요?

다카하시 아니요, 아직 지우면 안 돼요.
작년 자료를 CD로 구운 다음에 삭제하세요.

노다미   네, 알겠습니다.

Pattern Practice 1

A

1 つけても いいですよ

2 休んでも いいですよ

3 変えても いいですよ

B

1 山で ごみを 捨てては いけません。

2 大きい 声で 話しては いけません。

3 会社で 遅刻しては いけません。

C

1 A テレビを 見ても いいですか。
B 宿題を してから 見て ください。

2 A パンを 食べても いいですか。
B 手を 洗ってから 食べて ください。

3 A 今、話しても いいですか。
B 休み時間に なってから 話して ください。

Listening Training

1 ⓑ   2 ⓓ   3 ⓐ   4 ⓒ

script

1 ケータイで 話しては いけません。

2 ご飯を 食べてから 薬を 飲みます。

3 A ここに 自転車を 止めても いいですか。
B いいえ、いけません。

4 シャワーを 浴びてから 寝ます。

Dialogue 2

다카하시 또 로또를 사요?

노다미   어젯밤에 좋은 꿈을 꿔서요.
매주 사고 있으니까 이번에야말로 당첨되었으면 좋겠어요.

다카하시 저는 어제 무서운 꿈을 꿨어요.

노다미   어떤 꿈이었어요?

다카하시 다이어트하고 있는데, 음식이 가득 있는 꿈이었어요.

Pattern Practice 2

A

1 それは 必要なので 捨てては いけません。

2 危ないので 気を つけて ください。

3 時間が ないので 急いで ください。

B

1 なって ほしいです

2 来_きて ほしいです

3 降_ふって ほしいです

C

1 こんなに 寒_{さむ}いのに 妹_{いもうと}は 半_{はん}そでで 出_でかけ
ました。

2 彼氏_{かれし}が いるのに 合_{ごう}コンに 行_いきました。

3 宿題_{しゅくだい}が あるのに 友達_{ともだち}と 遊_{あそ}びました。

Listening Training

| 1 × | 2 ○ | 2 ○ | 4 × |

script

1 タバコは 体_{からだ}に 悪_{わる}いから、吸_すいません。

2 子供_{こども}に キムチを 食_たべて ほしいです。

3 A 具合_{ぐあい}が 悪_{わる}いので 仕事_{しごと}を 休_{やす}んでも いい
ですか。

B そうですか。分_わかりました。お大事_{だいじ}に。

4 新_{あたら}しい かばんが ほしいのに お金_{かね}が ありま
せん。

Reading Quiz   answer ②

어젯밤에 좋은 꿈을 꿨습니다. 그래서 로또를 샀습니다.
매주 로또를 사고 있는데, 항상 꽝입니다.
하지만 언젠가는 당첨될 거라고 생각합니다.

즐거운
일본어 수업을
위한

타노시이
<ruby>たのしい</ruby> 일본어

STEP
2

워크북

넥서스콘텐츠개발팀 지음

타노시이 일본어 STEP 2 워크북

지은이 넥서스콘텐츠개발팀
펴낸이 안용백
펴낸곳 (주)도서출판 넥서스

출판신고 1992년 4월 3일 제311-2002-2호
121-840 서울시 마포구 서교동 394-2
Tel (02)330-5500 Fax (02)330-5555

저자와 출판사의 허락없이 내용의 일부를 인용하거나 발췌하는 것을 금합니다.

www.nexusbook.com
넥서스Japanese는 (주)도서출판 넥서스의 일본어 전문 브랜드입니다.

WORKBOOK

타노시이 일본어 STEP2

UNIT 01 | 約束ありますか。
약속 있어요?

 **Dialogue 1**

1 CD를 들으면서 빈칸을 채워 보세요. 🎧01

千秋　　ノ・ダミさん、今日 何か 約束 ありますか。

ノ・ダミ　はい、デートが ＿＿＿＿＿＿＿ 。

千秋　　え？ 恋人が いるんですか。

ノ・ダミ　いいえ、＿＿＿＿＿＿＿ 。友達です。

千秋　　それは デート＿＿＿＿＿＿＿＿ 。

2 Dialogue와 Pattern Practice에 나온 어휘를 확인해 보세요.

☐ **約束**(やくそく) 약속 ☐ **デート** 데이트

☐ **クレジットカード** 신용카드 ☐ **現金**(げんきん) 현금

☐ **ボランティア** 자원봉사자 ☐ **傘**(かさ) 우산

☐ **時間**(じかん) 시간 ☐ **バイト** 아르바이트

☐ **何**(なに)**か** 뭔가, 무엇인가 ☐ **デジカメ** 디지털카메라

☐ **ペット** 애완동물 ☐ **自転車**(じてんしゃ) 자전거

3   다음 문장을 일본어로 써 보세요.

1   오늘 약속 있어요? (約束 약속)

⇨ _____

2   오늘 데이트가 있습니다. (デート 데이트)

⇨ _____

3   여자 친구 있어요? (彼女 여자 친구)

⇨ _____

4   남자인 친구는 많은데, 남자 친구는 없어요. (男 남자 | 彼氏 남자 친구)

⇨ _____

5   아직 일본에 있어요? (まだ 아직)

⇨ _____

6   신용카드는 있는데, 현금은 없어요. (クレジットカード 신용카드 | 現金 현금)

⇨ _____

7   오늘도 숙제가 있어요? (宿題 숙제)

⇨ _____

8   우산 있어요? (傘 우산)

⇨ _____

Dialogue 2

1 CD를 들으면서 빈칸을 채워 보세요. 🎧 05

部長　　　ノ・ダミさん、今 _____。

ノ・ダミ　　江南駅の _____。

部長　　　そばに 何が ありますか。

ノ・ダミ　　銀行と コーヒーショップが あります。

部長　　　私は コーヒーショップの 隣の 薬屋に います。

ノ・ダミ　　ガソリンスタンドの _____。
　　　　　今から 行きます。

2 Dialogue와 Pattern Practice에 나온 어휘를 확인해 보세요.

- □ 近(ちか)く　근처, 가까이
- □ 薬屋(くすりや)　약국
- □ カレンダー　캘린더, 달력
- □ 人形(にんぎょう)　인형
- □ バス停(てい)　버스 정류장
- □ 公園(こうえん)　공원
- □ そば　옆

- □ ガソリンスタンド　주유소
- □ 本屋(ほんや)　서점
- □ ソファー　소파
- □ 本棚(ほんだな)　책장, 책꽂이
- □ デパート　백화점
- □ マンション　맨션(중·고층의 아파트)
- □ 向(む)かい　건너편, 맞은편

3 다음 문장을 일본어로 써 보세요.

1 기무라 씨, 지금 어디에 있어요?

⇨ _____

2 주유소는 어디에 있어요? (ガソリンスタンド 주유소)

⇨ _____

3 회사는 어디에 있습니까? (会社 회사)

⇨ _____

4 회사는 종로에 있습니다. (鐘路 종로)

⇨ _____

5 회사는 은행 옆에 있습니다. (銀行 은행)

⇨ _____

6 개는 테이블 위에 있습니다. (テーブル 테이블)

⇨ _____

7 은행은 약국 건너편에 있습니다. (薬屋 약국)

⇨ _____

8 책은 가방 안에 있습니다. (かばん 가방)

⇨ _____

Words

1 다음 단어의 읽는 법을 히라가나로 적어 보세요.

約束 _____   現金 _____

自転車 _____   薬屋 _____

本屋 _____   公園 _____

本棚 _____   人形 _____

時間 _____   傘 _____

2 다음 일본어의 우리말 뜻을 적어 보세요.

デート _____   バイト _____

ペット _____   カレンダー _____

ソファー _____   デパート _____

向_むかい _____   そば _____

バス停_{てい} _____   ボランティア _____

何_{なに}か _____   ガソリン _____

仕事の後、どうしますか。

퇴근 후에 어떻게 하세요?

 **Dialogue 1**

1 CD를 들으면서 빈칸을 채워 보세요. 🎧09

高橋 ノ・ダミさん、今日おしゃれですね。

どこか _____ 。

ノ・ダミ 友達の 誕生日パーティーが あるんです。

高橋さんは 仕事の 後、_____ 。

高橋 今日は 特に 予定は ありません。

うちで テレビを _____ 。

2 Dialogue와 Pattern Practice에 나온 어휘를 확인해 보세요.

□ 一生懸命(いっしょうけんめい) 열심히

□ 作(つく)る 만들다

□ 会(あ)う 만나다

□ 話(はな)す 이야기하다

□ 帰(かえ)る 돌아가다

□ 食(た)べる 먹다

□ 聴(き)く 듣다

□ 乗(の)る 타다

□ 起(お)きる 일어나다

□ 飲(の)む 마시다

□ 見(み)る 보다

□ 読(よ)む 읽다

9

3 다음 문장을 일본어로 써 보세요.

1 집에 돌아갑니다. (うち 집 | 帰る 돌아가다)

⇨ _____

2 텔레비전을 봅니다. (テレビ 텔레비전 | 見る 보다)

⇨ _____

3 밥을 먹습니다. (ご飯 밥 | 食べる 먹다)

⇨ _____

4 열심히 일을 합니다. (一生懸命 열심히 | 仕事 일, 업무)

⇨ _____

5 책을 읽습니다. (本 책 | 読む 읽다)

⇨ _____

6 음악을 듣습니다. (音楽 음악 | 聴く 듣다)

⇨ _____

7 인터넷을 합니다. (インターネット 인터넷)

⇨ _____

8 차를 마십니다. (お茶 차 | 飲む 마시다)

⇨ _____

Dialogue 2

1 CD를 들으면서 빈칸을 채워 보세요. 🎧13

千秋　週末は 何を ＿＿＿＿＿＿＿＿。

ノ・ダミ　友達と 有名な ラーメン屋に 行きました。
お客さんが 多くて 1時間も ＿＿＿＿＿＿＿＿、
食べる 時間は 10分も ＿＿＿＿＿＿＿＿＿。
千秋さんは 何を しましたか。

千秋　僕は 趣味の ピアノを ＿＿＿＿＿＿＿＿。

2 Dialogue와 Pattern Practice에 나온 어휘를 확인해 보세요.

- □ 待(ま)つ　기다리다
- □ お酒(さけ)　술
- □ タバコを吸(す)う　담배를 피우다
- □ ズボン　바지
- □ 週末(しゅうまつ)　주말
- □ 言(い)う　말하다
- □ 散歩(さんぽ)をする　산책을 하다
- □ 分(わ)かる　이해하다, 알다

- □ かかる　걸리다
- □ ピアノを弾(ひ)く　피아노를 치다
- □ 恥(は)ずかしい　부끄럽다
- □ スカート　치마, 스커트
- □ はく　(하의를) 입다, (신발을) 신다
- □ 寝(ね)る　자다
- □ 小説(しょうせつ)　소설
- □ 行(い)く　가다

11

3 다음 문장을 일본어로 써 보세요.

1 주말엔 뭘 했어요? (週末 주말)

⇒ _____

2 한 시간이나 기다렸습니다. (待つ 기다리다)

⇒ _____

3 먹는 시간은 10분도 걸리지 않았습니다. (時間 시간 | かかる (시간이) 걸리다)

⇒ _____

4 술은 마시지만, 담배는 피우지 않아요. (タバコを吸う 담배를 피우다)

⇒ _____

5 아무한테도 말하지 않았어요. (誰にも 아무한테도 | 言う 말하다)

⇒ _____

6 그 드라마를 봤나요? (ドラマ 드라마 | 見る 보다)

⇒ _____

7 술은 한 병도 마시지 않았어요. (お酒 술 | 1本 한 병)

⇒ _____

8 어제는 한 시간도 공부하지 않았어요. (昨日 어제 | 勉強する 공부하다)

⇒ _____

 ## Words

1 다음 단어의 읽는 법을 히라가나로 적어 보세요.

一生懸命 _____   散歩 _____

小説 _____   週末 _____

予定 _____   音楽 _____

お茶 _____   お酒 _____

2 다음 일본어의 우리말 뜻을 적어 보세요.

言う _____   ピアノを弾く _____

会う _____   タバコを吸う _____

分かる _____   話す _____

行く _____   乗る _____

食べる _____   寝る _____

読む _____   起きる _____

帰る _____   飲む _____

UNIT 03

一緒に歌いませんか。

같이 부르지 않을래요?

Dialogue 1

1 CD를 들으면서 빈칸을 채워 보세요. 🎧17

ノ・ダミ 次は 私の 番だ！

千秋さん、「そばにいるね」一緒に _____ 。

千秋 いや、僕は その 歌、_____ 。

高橋 ノ・ダミさん、僕が 一緒に _____ 。

実は それ、僕の 18番なんですよ。

2 Dialogue와 Pattern Practice에 나온 어휘를 확인해 보세요.

- **一緒**(いっしょ)**に** 같이, 함께
- **知**(し)**る** 알다
- **一杯**(いっぱい) 한 잔, 가득
- **手伝**(てつだ)**う** 돕다
- **持**(も)**つ** 가지다, 들다
- **次**(つぎ) 다음
- **窓**(まど) 창문

- **歌**(うた)**う** 노래하다
- **食事**(しょくじ) 식사
- **そろそろ** 슬슬
- **同**(おな)**じだ** 똑같다
- **掃除**(そうじ) 청소
- **方向**(ほうこう) 방향
- **連絡先**(れんらくさき) 연락처

3 다음 문장을 일본어로 써 보세요.

1 같이 노래 부르지 않을래요? (一緒に 같이 | 歌う (노래를) 부르다)

⇨ _____

2 그 노래, 몰라요. (歌 노래 | 知る 알다)

⇨ _____

3 실은 그거 제 십팔번이에요. (実は 실은 | 18番 십팔번)

⇨ _____

4 같이 식사라도 하지 않을래요? (食事をする 식사를 하다)

⇨ _____

5 노래방에 가지 않을래요? (カラオケ 노래방 | 行く 가다)

⇨ _____

6 슬슬 돌아갈까요? (そろそろ 슬슬 | 帰る 돌아가다)

⇨ _____

7 좀 도와 드릴까요? (手伝う 돕다, 도와 주다)

⇨ _____

8 모두 함께 좋은 회사를 만듭시다. (みんなで 모두 함께 | 作る 만들다)

⇨ _____

Dialogue 2

1 CD를 들으면서 빈칸을 채워 보세요. 🎧21

千秋　昨日の 合コン、どうでしたか。
きのう　ごう

高橋　＿＿＿＿＿＿＿＿＿＿。優しくて かわいくて、
やさ
理想の ＿＿＿＿＿＿＿ 会いました。
りそう　あ

千秋　よかったですね。今日も 彼女に 会いますか。
きょう　かのじょ　あ

高橋　はい、これから ＿＿＿＿＿＿＿＿＿＿＿＿。

2 Dialogue와 Pattern Practice에 나온 어휘를 확인해 보세요.

- □ **これから**　이제부터, 앞으로
- □ **最高**(さいこう)　최고
- □ **飛行機**(ひこうき)　비행기
- □ **地下鉄**(ちかてつ)　지하철
- □ **コンビニ**　편의점
- □ **お弁当**(べんとう)　도시락
- □ **手紙**(てがみ)**を出**(だ)**す**　편지를 부치다
- □ **運動**(うんどう)**する**　운동하다
- □ **スーパー**　슈퍼

- □ **理想**(りそう)　이상
- □ **偶然**(ぐうぜん)　우연히
- □ **怖**(こわ)**い**　무섭다
- □ **借**(か)**りる**　빌리다
- □ **ジム**　체육관, 헬스클럽
- □ **買**(か)**う**　사다
- □ **返**(かえ)**す**　되돌려주다, 반납하다
- □ **道**(みち)　길
- □ **桜**(さくら)　벗꽃

3 다음 문장을 일본어로 써 보세요.

1 우연히 친구를 만났습니다. (偶然 우연히 | 友達 친구)

⇨ _____

2 이제부터 만나러 갑니다. (これから 이제부터)

⇨ _____

3 비행기를 타는 것이 무섭습니다. (飛行機 비행기 | 怖い 무섭다)

⇨ _____

4 회사에 갑니다. (会社 회사)

⇨ _____

5 항상 지하철을 탑니다. (いつも 항상 | 地下鉄 지하철)

⇨ _____

6 오늘도 술을 마시러 갑니까? (今日 오늘 | お酒を飲む 술을 마시다)

⇨ _____

7 돈을 빌리러 갔습니다. (お金を借りる 돈을 빌리다)

⇨ _____

8 우리 집에 놀러 오지 않겠습니까? (うち 우리 집 | 遊ぶ 놀다)

⇨ _____

Words

1 다음 단어의 읽는 법을 히라가나로 적어 보세요.

食事 _____   掃除 _____

理想 _____   最高 _____

飛行機 _____   地下鉄 _____

運動 _____   偶然 _____

連絡先 _____   方向 _____

2 다음 일본어의 우리말 뜻을 적어 보세요.

いっしょ
一緒に _____

うた
歌う _____

し
知る _____

おな
同じだ _____

いっぱい
一杯 _____

か
借りる _____

か
買う _____

て がみ だ
手紙を出す _____

コンビニ _____

ジム _____

これから _____

て つだ
手伝う _____

旅行に行きたいです。
여행 가고 싶어요.

Dialogue 1

1 CD를 들으면서 빈칸을 채워 보세요. 🎧25

高橋 今年の 夏休みに 何か _____ ことは ありますか。
ことし　なつやす　　　なに

ノ・ダミ 東京か 大阪に 旅行に 行きたいです。
とうきょう　おおさか　りょこう　い

前から ずっと _____。
まえ

高橋さんは 何が したいですか。
たかはし　　　なに

高橋 そうですね。僕も どこか 行きたいですが、
ぼく　　　　　い

日本には _____。
にほん

2 Dialogue와 Pattern Practice에 나온 어휘를 확인해 보세요.

□ **夏休(なつやす)み** 여름 방학, 여름 휴가

□ **トイレ** 화장실

□ **プレゼント** 선물

□ **売(う)り切(き)れ** 매진

□ **悲(かな)しい** 슬프다

□ **見(み)せる** 보여 주다

□ **ずっと** 줄곧, 계속

□ **思(おも)いっきり** 마음껏

□ **ジーパン** 청바지

□ **写真(しゃしん)** 사진

□ **漫画(まんが)** 만화

□ **ワンピース** 원피스

3 다음 문장을 일본어로 써 보세요.

1 여행 가고 싶어요. (旅行 여행)

⇒ _____

2 전부터 계속 가고 싶었어요. (前から 전부터 | ずっと 계속)

⇒ _____

3 무엇을 하고 싶습니까?

⇒ _____

4 화장실에 가고 싶어요. (トイレ 화장실)

⇒ _____

5 무엇을 갖고 싶습니까? (ほしい 갖고 싶다,탐나다)

⇒ _____

6 전부터 보고 싶었던 영화예요. (見る 보다 | 映画 영화)

⇒ _____

7 더 이야기하고 싶지 않아요. (もう 더, 이제 | 話す 이야기하다)

⇒ _____

8 아직 결혼하고 싶지 않아요. (まだ 아직 | 結婚する 결혼하다)

⇒ _____

Dialogue 2

1 CD를 들으면서 빈칸을 채워 보세요. 🎧29

部長 ノ・ダミさん、最近 日本語が ＿＿＿＿＿＿＿＿＿＿＿。

ノ・ダミ いえ、まだまだです。

早く ＿＿＿＿＿＿＿＿＿＿＿、

だんだん 難しく なりますね。

部長 ＿＿＿＿＿＿＿ 勉強するのは 大変でしょう。

特に 何が 難しいですか。

ノ・ダミ 漢字と 発音が 難しいです。

2 Dialogue와 Pattern Practice에 나온 어휘를 확인해 보세요.

□ **だんだん** 점점

□ **漢字**(かんじ) 한자

□ **聴**(き)**く** 듣다

□ **辞書**(じしょ)**を引**(ひ)**く** 사전을 찾다

□ **ずいぶん** 대단히, 몹시

□ **将来**(しょうらい) 장래

□ **長**(なが)**い** 길다

□ **特**(とく)**に** 특히, 특별히

□ **発音**(はつおん) 발음

□ **メモする** 메모하다

□ **昔**(むかし) 옛날, 예전

□ **おかげさまで** 덕분에

□ **涼**(すず)**しい** 시원하다, 선선하다

□ **働**(はたら)**く** 일하다

3   다음 문장을 일본어로 써 보세요.

1 요즘 일본어가 늘었네요. (最近 요즘 | うまくなる (실력이) 늘다, 잘하게 되다)

⇨ _____

2 빨리 잘하게 되고 싶어요. (早く 빨리 | 上手になる 잘하게 되다)

⇨ _____

3 점점 어려워지네요. (だんだん 점점 | 難しい 어렵다)

⇨ _____

4 일본어 공부가 점점 재미있어집니다. (面白い 재미있다)

⇨ _____

5 요즘 예뻐졌네요. (きれいだ 예쁘다)

⇨ _____

6 부자가 되고 싶어요. (お金持ち 부자)

⇨ _____

7 음악을 들으면서 공부합니다. (音楽を聴く 음악을 듣다 | 勉強する 공부하다)

⇨ _____

8 텔레비전을 보면서 밥을 먹었습니다.

⇨ _____

 **Words**

1 다음 단어의 읽는 법을 히라가나로 적어 보세요.

漢字 _____ 発音 _____

写真 _____ 将来 _____

お金持ち _____ 夏休み _____

辞書 _____ 昔 _____

売り切れ _____ 漫画 _____

2 다음 일본어의 우리말 뜻을 적어 보세요.

ずいぶん _____ メモする _____

ずっと _____ トイレ _____

ジーパン _____ 特に _____

だんだん _____ 悲しい _____

見せる _____ おかげさまで _____

プレゼント _____ 思いっきり _____

 **Dialogue 1**

1　CD를 들으면서 빈칸을 채워 보세요. 🎧33

ノ・ダミ　千秋さん、＿＿＿＿＿＿＿＿＿＿。ここは　ビビンバも

　　　　　＿＿＿＿＿＿＿、チゲも　おいしいですよ。

千秋　　僕は　キムチチゲに　します。

ノ・ダミ　えーっと、私は　ビビンバ。高橋さんは？

高橋　　僕は　いいです。

　　　　今日から　ダイエットする　＿＿＿＿＿＿＿＿＿＿。

2　Dialogue와 Pattern Practice에 나온 어휘를 확인해 보세요.

□ 山(やま)　산　　　　　　　　□ 場所(ばしょ)　장소

□ ロビー　로비　　　　　　　□ 待(ま)ち合(あ)わせ　(약속으로) 상대를 기다림

□ 海(うみ)　바다　　　　　　□ 味(あじ)　맛

□ 人気(にんき)　인기　　　　□ やめる　그만두다, 끊다

□ 当番(とうばん)　당번　　　□ ジョギングする　조깅하다

다음 문장을 일본어로 써 보세요.

1 오늘부터 다이어트하기로 했어요. (今日から 오늘부터 | ダイエットする 다이어트하다)

⇨ _____

2 차로 하시겠어요, 아니면 커피로 하시겠어요? (それとも 아니면 | コーヒー 커피)

⇨ _____

3 약속은 몇 시로 할까요? (約束 약속 | 何時 몇 시)

⇨ _____

4 자장면도 먹고 싶고 짬뽕도 먹고 싶어요. (チャジャンミョン 자장면 | チャンポン 짬뽕)

⇨ _____

5 맛도 좋고 가격도 저렴해요. (味 맛 | 値段 가격 | 安い 싸다, 저렴하다)

⇨ _____

6 회사를 그만두기로 했어요. (会社をやめる 회사를 그만두다)

⇨ _____

7 오후 7시에 만나기로 했어요. (午後 오후)

⇨ _____

8 일본에 유학 가기로 했어요. (留学に行く 유학 가다)

⇨ _____

1 　CD를 들으면서 빈칸을 채워 보세요. 🎧37

　　ノ・ダミ　あっ、それ、漢方薬(かんぽうやく)じゃないですか。

　　　　　　　苦(にが)く　ないですか。

　　高橋　　苦(にが)いですよ。確(たし)かに ＿＿＿＿＿＿ ないですが、

　　　　　　　ダイエット ＿＿＿＿＿＿ 。

　　ノ・ダミ　へえ、ダイエットのために　薬(くすり)まで？

　　　　　　　それは　薬(くすり)の ＿＿＿＿＿＿ 。

2 　Dialogue와 Pattern Practice에 나온 어휘를 확인해 보세요.

□ 漢方薬(かんぽうやく)　한약　　　　　　□ 苦(にが)い　(맛이) 쓰다

□ 確(たし)かに　분명히　　　　　　　　□ 薬(くすり)　약

□ 詳(くわ)しい　자세하다　　　　　　　□ 文章(ぶんしょう)　문장

□ 易(やさ)しい　쉽다　　　　　　　　　□ 交通事故(こうつうじこ)　교통사고

□ 気分(きぶん)　기분　　　　　　　　　□ 体(からだ)　몸

□ 習(なら)う　배우다　　　　　　　　　□ 入(はい)る　들어가다

□ ～杯(はい)　～잔(그릇에 담은 액체를 세는 단위)　□ ～枚(まい)　～장(얇고 평평한 것을 세는 단위)

□ 朝(あさ)から晩(ばん)まで　아침부터 저녁까지

3 다음 문장을 일본어로 써 보세요.

1 다이어트를 위해 약까지 먹어요? (ダイエット 다이어트 | 薬を飲む 약을 먹다)

⇨ _____

2 설명이 자세해서 이해하기 쉽네요. (説明 설명 | 詳しい 자세하다 | 分かる 이해하다)

⇨ _____

3 전화로는 좀 이야기하기 어려워요. (電話では 전화로는 | 話す 이야기하다)

⇨ _____

4 글자가 작아서 읽기 어려워요. (字 글자 | 小さい 작다 | 読む 읽다)

⇨ _____

5 일본어를 공부하기 위해 일본에 갑니다. (勉強する 공부하다)

⇨ _____

6 어제는 술을 너무 많이 마셨습니다. (昨日 어제 | お酒を飲む 술을 마시다)

⇨ _____

7 과식은 몸에 좋지 않아요. (食べすぎ 과식 | 体 몸)

⇨ _____

8 일이 지나치게 바빠요. (仕事 일, 업무 | 忙しい 바쁘다)

⇨ _____

27

Words

1 다음 단어의 읽는 법을 히라가나로 적어 보세요.

場所	_____	交通事故	_____
人気	_____	文章	_____
薬	_____	漢方薬	_____
気分	_____	体	_____
味	_____	海	_____

2 다음 일본어의 우리말 뜻을 적어 보세요.

待ち合わせ	_____	ロビー	_____
お金持ち	_____	ジョギング	_____
確かに	_____	苦い	_____
詳しい	_____	習う	_____
入る	_____	易しい	_____
やめる	_____	当番	_____

ゆっくり休んでください。

푹 쉬세요.

Dialogue 1

1 CD를 들으면서 빈칸을 채워 보세요. 🎧 41

医者　　どう　しましたか。

ノ・ダミ　咳が＿＿＿＿＿＿のどが　痛いんです。

医者　　熱は　ありますか。

ノ・ダミ　はい、熱が＿＿＿＿＿＿寒気が　します。

医者　　風邪ですね。
　　　　薬を　飲んで　ゆっくり＿＿＿＿＿＿＿＿。

2 Dialogue와 Pattern Practice에 나온 어휘를 확인해 보세요.

□ **咳**(せき) 기침

□ **ひどい** 심하다

□ **お腹**(なか)**がすく** 배가 고프다

□ **ゆっくり** 푹, 천천히

□ **座**(すわ)**る** 앉다

□ **歩**(ある)**く** 걷다

□ **熱**(ねつ)**がある** 열이 있다

□ **風邪**(かぜ)**を引**(ひ)**く** 감기에 걸리다

□ **教**(おし)**える** 가르치다

□ **消**(け)**す** 끄다

3 다음 문장을 일본어로 써 보세요.

1 기침이 심해서 목이 아파요. (咳 기침 | のど 목)

⇨ _____

2 약을 먹고 푹 쉬세요. (薬を飲む 약을 먹다 | ゆっくり 푹, 느긋하게 | 休む 쉬다)

⇨ _____

3 천천히 이야기해 주세요. (ゆっくり 천천히 | 話す 이야기하다)

⇨ _____

4 많이 드세요. (たくさん 많이 | 食べる 먹다)

⇨ _____

5 놀러 오세요. (遊ぶ 놀다)

⇨ _____

6 열은 있습니까? (熱 열)

⇨ _____

7 술을 마셔서 기분이 좋습니다. (お酒を飲む 술을 마시다 | 気分がいい 기분이 좋다)

⇨ _____

8 설명서를 읽고 제품을 사용해 주세요. (説明書 설명서 | 製品 제품 | 使う 사용하다)

⇨ _____

1 CD를 들으면서 빈칸을 채워 보세요. 🎧45

高橋　ノ・ダミさん、何を 見て ＿＿＿＿＿＿＿＿＿＿＿＿。

ノ・ダミ　日本の サイトを 見て いるんですが、
面白い ものが あって。

高橋　何ですか。

ノ・ダミ　この 眼鏡を ＿＿＿＿＿＿＿＿＿＿＿ 人、
部長に 似て いませんか。

高橋　あっ、本当だ！ ＿＿＿＿＿＿＿＿＿＿＿。

2 Dialogue와 Pattern Practice에 나온 어휘를 확인해 보세요.

☐ 疲(つか)れる　지치다, 피곤하다

☐ サイト　사이트

☐ ～に似(に)る　~를 닮다

☐ スーツ　양복

☐ ピアスをする　귀걸이를 하다

☐ 笑(わら)う　웃다

☐ お風呂(ふろ)に入(はい)る　목욕하다

☐ 眼鏡(めがね)をかける　안경을 쓰다

☐ ～に住(す)む　~에 살다

☐ 着(き)る　(상의를) 입다

☐ 全然(ぜんぜん)　전혀

☐ もの　것(사물)

3 다음 문장을 일본어로 써 보세요.

1 뭘 보고 웃고 있어요? (見る 보다 │ 笑う 웃다)

⇨ _____

2 일본 사이트를 보고 있어요. (サイト 사이트)

⇨ _____

3 재미있는 게 있어서. (面白い 재미있다 │ ある 있다)

⇨ _____

4 부장님 닮지 않았어요? (部長 부장 │ 似る 닮다)

⇨ _____

5 지금 뭘 하고 있어요?

⇨ _____

6 그는 이미 결혼했어요. (もう 이미 │ 結婚する 결혼하다)

⇨ _____

7 아직 결혼 안 했어요. (まだ 아직)

⇨ _____

8 양복을 입고 있습니다. (スーツ 양복 │ 着る (옷을) 입다)

⇨ _____

 **Words**

1 다음 단어의 읽는 법을 히라가나로 적어 보세요.

熱	_____	全然	_____
座る	_____	寒気	_____
風呂	_____	着る	_____
結婚	_____	最近	_____
咳	_____	新聞	_____

2 다음 일본어의 우리말 뜻을 적어 보세요.

～に似_にる	_____	風邪_{かぜ}を引_ひく	_____
～に住_すむ	_____	さびしい	_____
サイト	_____	ピアスをする	_____
ひどい	_____	笑_{わら}う	_____
歩_{ある}く	_____	お腹_{なか}がすく	_____
教_{おし}える	_____	疲_{つか}れる	_____

ケータイをなくしてしまいました。

휴대폰을 잃어버렸습니다.

🐱 Dialogue 1

1 　CD를 들으면서 빈칸을 채워 보세요. 🎧49

ノ・ダミ　ケータイを ＿＿＿＿＿＿＿＿＿＿＿＿＿＿ 。

千秋　　ポケットの 中(なか)は ＿＿＿＿＿＿＿＿＿＿＿＿＿＿ 。

ノ・ダミ　あっ、ありました。

千秋　　この前(まえ)も 同(おな)じ ことが ありましたよ。

＿＿＿＿＿＿＿＿＿＿＿＿＿＿ 。

2 　Dialogue와 Pattern Practice에 나온 어휘를 확인해 보세요.

□ **なくす** 분실하다, 잃다

□ **覚(おぼ)える** 기억하다, 외우다

□ **すっかり** 깜빡, 완전히

□ **何(なん)でも** 뭐든지

□ **電気(でんき)が消(き)える** 전기가 꺼지다

□ **交番(こうばん)** 파출소

□ **この前(まえ)** 얼마 전, 요전

□ **単語(たんご)** 단어

□ **忘(わす)れる** 잊어버리다, 잃어버리다

□ **もう一度(いちど)** 다시 한번

□ **壊(こわ)れる** 부서지다, 고장나다

□ **調(しら)べる** 조사하다

3 다음 문장을 일본어로 써 보세요.

1 휴대폰을 잃어버렸습니다. (ケータイ 휴대폰 | なくす 잃다, 분실하다)

⇨ _____

2 얼마 전에도 같은 일이 있었어요. (この前も 얼마 전에도 | 同じだ 같다)

⇨ _____

3 기억 안 나요? (覚える 기억하다, 외우다)

⇨ _____

4 비밀을 말해 버렸습니다. (秘密 비밀 | 言う 말하다)

⇨ _____

5 다시 한번 확인해 보겠습니다. (もう一度 다시 한번 | 確認する 확인하다)

⇨ _____

6 선생님에게 물어볼까요? (先生 선생님 | 聞く 묻다)

⇨ _____

7 감쪽같이 잊어버렸습니다. (すっかり 감쪽같이, 완전히 | 忘れる 잊다)

⇨ _____

8 기모노를 입어 봤습니다. (着物 기모노 | 着る 입다)

⇨ _____

1 　CD를 들으면서 빈칸을 채워 보세요. 🎧53

ノ・ダミ 　部長は　出張ですか。

高橋 　　はい。

ノ・ダミ 　机の　上に　部長からの　メモが ＿＿＿＿＿＿＿＿＿＿ 。

高橋 　　何て ＿＿＿＿＿＿＿＿＿＿ 。

ノ・ダミ 　「この　書類を　3枚　コピーして ＿＿＿＿＿＿＿＿＿＿ 。
　　　　　事務室を　出る　ときは、窓が　閉めて　あるか
　　　　　確認して　ください。」

高橋 　　へえ、部長って　細かいんですね。

2 　Dialogue와 Pattern Practice에 나온 어휘를 확인해 보세요.

□ **～からの** 　～로부터의

□ **書類**(しょるい) 　서류

□ **事務室**(じむしつ) 　사무실

□ **閉**(し)**める** 　닫다

□ **火**(ひ) 　불

□ **飾**(かざ)**る** 　장식하다, 꾸미다

□ **置**(お)**く** 　두다, 놓다

□ **コピーする** 　복사하다

□ **出**(で)**る** 　나오다

□ **かぎ** 　열쇠

□ **準備**(じゅんび)**する** 　준비하다

□ **音楽**(おんがく)**をかける** 　음악을 켜다(틀다)

3　다음 문장을 일본어로 써 보세요.

1　메모가 놓여 있었습니다. (メモ 메모 | 置く 놓다, 두다)

⇨ _____

2　뭐라고 쓰여 있었나요? (何て 뭐라고 | 書く 쓰다)

⇨ _____

3　서류를 복사해 놓으세요. (書類 서류 | コピーする 복사하다)

⇨ _____

4　창문이 닫혀 있는지 확인해 주세요. (窓 창문 | 閉める 닫다 | 確認する 확인하다)

⇨ _____

5　문이 열려 있었습니다. (ドア 문 | 開ける 열다)

⇨ _____

6　차가 세워져 있습니다. (車 차 | 止める 세우다)

⇨ _____

7　잘 메모해 두겠습니다. (ちゃんと 잘, 제대로 | メモする 메모하다)

⇨ _____

8　방에 불이 켜져 있었습니다. (部屋 방 | 電気がつく 전기가 켜지다, 불이 켜지다)

⇨ _____

Words

1   다음 단어의 읽는 법을 히라가나로 적어 보세요.

単語	_____	交番	_____
書類	_____	事務室	_____
準備	_____	音楽	_____
火	_____	確認	_____

2   다음 일본어의 우리말 뜻을 적어 보세요.

なくす	_____	この^{まえ}前	_____
すっかり	_____	^{わす}忘れる	_____
コピーする	_____	^{でんき}電気が^き消える	_____
もう^{いちど}一度	_____	^お置く	_____
^し閉める	_____	かぎ	_____
^{しら}調べる	_____	^で出る	_____
^{こわ}壊れる	_____	^{おぼ}覚える	_____

ファイルを消してもいいですか。
파일을 지워도 됩니까?

 **Dialogue 1**

1 　CD를 들으면서 빈칸을 채워 보세요. 🎧57

ノ·ダミ　ハードディスクの 容量が 足りないんですけど、

　　　　この ファイル、＿＿＿＿＿＿＿＿＿＿＿＿。

高橋　　いいえ、まだ 消しては ＿＿＿＿＿＿＿。
　　　　去年の 資料を CDに ＿＿＿＿＿＿＿ 消して ください。

ノ·ダミ　はい、分かりました。

2 　Dialogue와 Pattern Practice에 나온 어휘를 확인해 보세요.

□ **ハードディスク** 하드디스크　　　　□ **容量**(ようりょう) 용량

□ **足**(た)**りない** 부족하다　　　　□ **ファイル** 파일

□ **消**(け)**す** 지우다, 끄다　　　　□ **資料**(しりょう) 자료

□ **先**(さき)**に** 먼저, 앞서　　　　□ **運転**(うんてん)**する** 운전하다

□ **捨**(す)**てる** 버리다　　　　□ **洗**(あら)**う** 씻다

□ **クーラーをつける** 에어컨을 켜다　　　　□ **走**(はし)**る** 달리다

39

3 다음 문장을 일본어로 써 보세요.

1 이 파일, 지워도 돼요? (ファイル 파일 | 消す 지우다)

⇨ _____

2 아직 지우면 안 돼요. (まだ 아직)

⇨ _____

3 여기에 차를 세워도 됩니까? (車を止める 차를 세우다, 주차하다)

⇨ _____

4 먼저 돌아가도 돼요. (先に 먼저 | 帰る 돌아가다)

⇨ _____

5 여기에서 담배를 피우면 안 돼요. (タバコを吸う 담배를 피우다)

⇨ _____

6 큰 소리로 얘기하면 안 돼요. (大きい 크다 | 声 소리 | 話す 이야기하다)

⇨ _____

7 손을 씻고 나서 밥을 드세요. (手を洗う 손을 씻다 | ご飯を食べる 밥을 먹다)

⇨ _____

8 숙제를 하고 나서 텔레비전을 보세요. (宿題をする 숙제를 하다)

⇨ _____

🦉 Dialogue 2

1 CD를 들으면서 빈칸을 채워 보세요. 🎧61

高橋 　また ロトを 買(か)うんですか。

ノ・ダミ 　ゆうべ いい 夢(ゆめ)を ＿＿＿＿＿＿＿。毎週(まいしゅう) 買(か)って

　　　　　いるので、今度(こんど)こそ ＿＿＿＿＿＿＿＿＿＿。

高橋 　僕(ぼく)は 昨日(きのう) 怖(こわ)い 夢(ゆめ)を 見(み)ました。

ノ・ダミ 　どんな 夢(ゆめ)でしたか。

高橋 　＿＿＿＿＿＿＿＿＿＿＿＿、

　　　　食(た)べ物(もの)が いっぱい ある 夢(ゆめ)でした。

2 Dialogue와 Pattern Practice에 나온 어휘를 확인해 보세요.

- □ 必要(ひつよう)だ　필요하다
- □ 危(あぶ)ない　위험하다
- □ 夢(ゆめ)を見(み)る　꿈을 꾸다
- □ 夜遅(よるおそ)く　밤 늦게
- □ 頑張(がんば)る　노력하다, 분발하다
- □ 別(わか)れる　헤어지다, 이별하다
- □ 出(で)かける　외출하다

- □ 久(ひさ)しぶりに　오랜만에
- □ 気(き)をつける　주의하다, 조심하다
- □ 当(あ)たる　맞다, 적중하다
- □ 朝寝坊(あさねぼう)をする　늦잠을 자다
- □ どうして　왜, 어째서
- □ もっと　더욱, 좀 더
- □ 半(はん)そで　반팔

41

3 다음 문장을 일본어로 써 보세요.

1 어젯밤에 좋은 꿈을 꿨어요. (ゆうべ 어젯밤 | 夢を見る 꿈을 꾸다)

⇨ _____

2 비밀이니까 아무한테도 말해선 안 돼요. (秘密 비밀)

⇨ _____

3 밤 늦게 자니까 늦잠을 자는 거예요. (夜遅く 밤 늦게 | 朝寝坊をする 늦잠을 자다)

⇨ _____

4 열심히 할테니 잘 부탁드립니다. (頑張る 노력하다, 분발하다)

⇨ _____

5 더 공부했으면 좋겠어요. (もっと 더, 더욱)

⇨ _____

6 애인이 있는데 미팅을 해요? (恋人 애인 | 合コンをする 미팅을 하다)

⇨ _____

7 좋아하는데 왜 헤어지나요? (好きだ 좋아하다 | どうして 왜 | 別れる 헤어지다)

⇨ _____

8 빨리 건강해졌으면 좋겠어요. (早く 빨리 | 元気になる 건강해지다)

⇨ _____

 **Words**

1 다음 단어의 읽는 법을 히라가나로 적어 보세요.

容量 _____ 資料 _____

必要だ _____ 運転 _____

朝寝坊 _____ 夜遅く _____

頑張る _____ 毎週 _____

空 _____ 教室 _____

2 다음 일본어의 우리말 뜻을 적어 보세요.

た
足りない _____ ゆめ み
夢を見る _____

さき
先に _____ あ
当たる _____

あら
洗う _____ あぶ
危ない _____

で
出かける _____ つか
使う _____

わか
別れる _____ き
気をつける _____

もっと _____ どうして _____

43

約束ありますか。

Dialogue 1

1 あります / いません / じゃありませんよ

3　1 今日 約束 ありますか。

　2 今日 デートが あります。

　3 彼女 いますか。

　4 男の 友達は 多いですが、彼氏は いません。

　5 まだ 日本に いますか。

　6 クレジットカードは　ありますが、現金は ありません。

　7 今日も 宿題が ありますか。

　8 傘 ありますか。

Dialogue 2

1 どこに いますか / 近くに います / 向かいですね

3　1 木村さん、今 どこに いますか。

　2 ガソリンスタンドは どこに ありますか。

　3 会社は どこに ありますか。

　4 会社は 鐘路に あります。

　5 会社は 銀行の そばに あります。

　6 犬は テーブルの 上に います。

　7 銀行は 薬屋の 向かいに あります。

　8 本は かばんの 中に あります。

Words

1 やくそく / げんきん / じてんしゃ /
くすりや / ほんや / こうえん / はんだな
/ にんぎょう / じかん / かさ

2 데이트 / 아르바이트 / 애완동물 / 달력 / 소파
/ 백화점 / 건너편 / 맞은편 / 옆 / 버스 정류장
/ 자원봉사자 / 뭔가, 무엇인가 / 휘발유

仕事の後、どうしますか。

Dialogue 1

1 行くんですか / どうしますか / 見ます

3　1 うちに 帰ります。

　2 テレビを 見ます。

　3 ご飯を 食べます。

　4 一生懸命 仕事を します。

　5 本を 読みます。

　6 音楽を 聴きます。

　7 インターネットを します。

　8 お茶を 飲みます。

Dialogue 2

1 しましたか / 待ちましたが /
かかりませんでした / 弾きました

3　1 週末は 何を しましたか。

　2 1時間も 待ちました。

　3 食べる 時間は 10分も かかりませんでした。

　4 お酒は 飲みますが、タバコは 吸いません。

　5 誰にも 言いませんでした。

　6 その ドラマを 見ましたか。

　7 お酒は 1本も 飲みませんでした。

　8 昨日は 1時間も 勉強しませんでした。

Words

1 いっしょうけんめい / さんぽ / しょうせつ / しゅうまつ / よてい / おんがく / おちゃ / おさけ

2 말하다 / 피아노를 치다 / 만나다 / 담배를 피우다 / 이해하다, 알다 / 이야기하다 / 가다 / 타다 / 먹다 / 자다 / 읽다 / 일어나다 / 돌아가다 / 마시다

7 お金を 借りに 行きました。

8 うちに 遊びに 来ませんか。

Words

1 しょくじ / そうじ / りそう / さいこう / ひこうき / ちかてつ / うんどう / ぐうぜん / れんらくさき / ほうこう

2 같이, 함께 / (노래를) 부르다 / 알다 / 똑같다 / 한 잔, 가득 / 빌리다 / 사다 / 편지를 부치다 / 편의점 / 체육관, 헬스클럽 / 이제부터 / 돕다

UNIT 03 一緒に歌いませんか。

Dialogue 1

1 歌いませんか / 知りませんから / 歌いましょうか

3 1 一緒に 歌いませんか。

2 その 歌、知りません。

3 実は それ、私の 18番です。

4 一緒に 食事でも しませんか。

5 カラオケに 行きませんか。

6 そろそろ 帰りましょうか。

7 ちょっと 手伝いましょうか。

8 みんなで いい 会社を 作りましょう。

Dialogue 2

1 最高でした / 女性に / 会いに 行きます

3 1 偶然、友達に 会いました。

2 これから 会いに 行きます。

3 飛行機に 乗るのが 怖いです。

4 会社に 行きます。

5 いつも 地下鉄に 乗ります。

6 今日も お酒を 飲みに 行きますか。

UNIT 04 旅行に行きたいです。

Dialogue 1

1 したい / 行きたかったんです / 行きたく ないですね

3 1 旅行に 行きたいです。

2 前から ずっと 行きたかったんです。

3 何が したいですか。

4 トイレに 行きたいです。

5 何が ほしいですか。

6 前から 見たかった 映画です。

7 もう 話したく ないです。

8 まだ 結婚したく ありません。

Dialogue 2

1 うまく なりましたね / 上手に なりたいですが / 働きながら

3 1 最近 日本語が うまく なりましたね。

2 早く 上手に なりたいです。

3 だんだん 難しく なりますね。

4 日本語の 勉強が だんだん 面白く
  なります。

5 最近、きれいに なりましたね。

6 お金持ちに なりたいです。

7 音楽を 聴きながら 勉強します。

8 テレビを 見ながら ご飯を 食べました。

Words

1 かんじ / はつおん / しゃしん / しょうらい
  / おかねもち / なつやすみ / じしょ / むかし
  / うりきれ / まんが

2 대단히, 몹시 / 메모하다 / 줄곧, 계속 / 화장실
  / 청바지 / 특히, 특별히 / 점점 / 슬프다 / 보
  여 주다 / 덕분에 / 선물 / 마음껏

UNIT 05 何にしますか。

Dialogue 1

1 何に しますか / おいしいし /
  ことに しました

3 1 今日から ダイエットする ことに し
    ました。

  2 お茶に しますか、それとも コーヒー
    に しますか。

  3 約束は 何時に しましょうか。

  4 チャジャンミョンも 食べたいし、
    チャンポンも 食べたいです。

  5 味も いいし、値段も 安いです。

  6 会社を やめる ことに しました。

  7 午後 7時に 会う ことに しました。

  8 日本へ 留学に 行く ことに しました。

Dialogue 2

1 飲みやすくは / のために / 飲みすぎですよ

3 1 ダイエットのために 薬まで 飲みますか。

  2 説明が 詳しくて 分かりやすいですね。

  3 電話では ちょっと 話しにくいです。

  4 字が 小さくて 読みにくいです。

  5 日本語を 勉強するために 日本に 行
    きます。

  6 昨日は お酒を 飲みすぎました。

  7 食べすぎは 体に よく ないです。

  8 仕事が 忙しすぎます。

Words

1 ばしょ / こうつうじこ / にんき /
  ぶんしょう / くすり / かんぽうやく /
  きぶん / からだ / あじ / うみ

2 (약속을 정하고) 상대를 기다림 / 로비 / 부자 /
  조깅 / 분명히 / 쓰다 / 자세하다 / 배우다 / 들
  어가다 / 쉽다 / 그만두다 / 당번

UNIT 06 ゆっくり休んでください。

Dialogue 1

1 ひどくて / あって / 休んで ください

3 1 咳が ひどくて のどが 痛いです。

  2 薬を 飲んで ゆっくり 休んで くだ
    さい。

  3 ゆっくり 話して ください。

  4 たくさん 食べて ください。

  5 遊びに 来て ください。

  6 熱は ありますか。

7 お酒を 飲んで 気分が いいです。

8 説明書を 読んで 製品を 使って ください。

Dialogue 2

1 笑って いるんですか / かけて いる / 似て いますね

3 1 何を 見て 笑って いるんですか。

2 日本の サイトを 見て います。

3 面白い ものが あって。

4 部長に 似て いませんか。

5 今 何を して いますか。

6 彼は もう 結婚して います。

7 まだ 結婚して いません。

8 スーツを 着て います。

Words

1 ねつ / ぜんぜん / すわる / さむけ / ふろ / きる / けっこん / さいきん / せき / しんぶん

2 ~을 닮다 / 감기에 걸리다 / ~에 살다 / 쓸쓸하다, 외롭다 / 사이트 / 귀걸이를 하다 / 심하다 / 웃다 / 걷다 / 배가 고프다 / 가르치다 / 지치다, 피곤하다

UNIT 07 ケータイをなくしてしまいました。

Dialogue 1

1 なくして しまいました / 見て みましたか / 覚えて いませんか

3 1 ケータイを なくして しまいました。

2 この前も 同じ ことが ありました。

3 覚えて いませんか。

4 秘密を 言って しまいました。

5 もう 一度 確認して みます。

6 先生に 聞いて みましょうか。

7 すっかり 忘れて しまいました。

8 着物を 着て みました。

Dialogue 2

1 置いて ありました / 書いて ありましたか / おいて ください

3 1 メモが 置いて ありました。

2 何て 書いて ありましたか。

3 書類を コピーして おいて ください。

4 窓が 閉めて あるか 確認して ください。

5 ドアが 開けて ありました。

6 車が 止めて あります。

7 ちゃんと メモして おきます。

8 部屋に 電気が つけて ありました。

Words

1 たんご / こうばん / しょるい / じむしつ / じゅんび / おんがく / ひ / かくにん

2 잃어버리다, 분실하다 / 얼마 전 / 완전히 / 잊다, 잃다 / 복사하다 / 전기가 꺼지다, 불이 꺼지다 / 다시 한번 / 두다, 놓다 / 닫다 / 열쇠 / 조사하다 / 나오다 / 부서지다 / 기억하다, 외우다

ファイルを消してもいいですか。

Dialogue 1

1 消しても いいですか / いけませんよ /
焼いてから

3 1 この ファイル、消しても いいですか。

2 まだ 消しては いけません。

3 ここに 車を 止めても いいですか。

4 先に 帰っても いいです。

5 ここで タバコを 吸っては いけません。

6 大きい 声で 話しては いけません。

7 手を 洗ってから ご飯を 食べて く
ださい。

8 宿題を してから テレビを 見て く
ださい。

Dialogue 2

1 見ましたから / 当たって ほしいです /
ダイエットして いるのに

3 1 ゆうべ いい 夢を 見ました。

2 秘密だから 誰にも 言っては いけま
せん。

3 夜遅く 寝るから 朝寝坊を するんです。

4 頑張りますので よろしく お願いします。

5 もっと 勉強して ほしいです。

6 恋人が いるのに 合コンを するんで
すか。

7 好きなのに どうして 別れるんですか。

8 早く 元気に なって ほしいです。

Words

1 ようりょう / しりょう / ひつようだ /
うんてん / あさねぼう / よるおそく /
がんばる / まいしゅう / そら / きょうしつ

2 부족하다 / 꿈을 꾸다 / 먼저 / 맞다, 당첨되다
/ 씻다 / 위험하다 / 버리다 / 사용하다 / 헤어
지다 / 주의하다 / 더, 더욱 / 왜, 어째서